Inhaltsverzeichnis

AF201770

Was kann ich schon?

1

Das bin ich:

__MINI__

Ich bin __6__ Jahre alt.

♡-Tier

♡-Farbe

♡-Zahl

1	2	3	4	5
	6	7		

📱

🏠-Nummer

__0175 347X22__   40

Das bin ich:

__MAX__

Ich bin __6__ Jahre alt.

♡-Tier

♡-Farbe

♡-Zahl

1	2	3	4	5
	6	7		

📱

🏠-Nummer

__0160 48X00__   12

Zu Mini und Max erzählen: Alter, Lieblingstier, -farbe, -zahl. Telefonnummer, Hausnummer vorlesen.

Mini ist ... Jahre alt.
Minis Lieblings- ... ist ...
Minis Telefonnumm

Was kann ich schon?

○ **1** Das bin ich:

_____

Ich bin

_____

Jahre alt.

♡-Tier

♡-Farbe

♡-Zahl

1	2	3	4	5

6	7	

_____

-Nummer

Von sich erzählen. Sich selber und das Lieblingstier malen, Kerzen passend zum Alter anmalen, Lieblingsfarbe, -zahl passend verbinden, evtl. Telefon- und Hausnummer notieren.

Ich male.
Ich verbinde.
Mein(e) Lieblings- ... ist ...

3

Was kann ich schon?

1

Ausgewählte Objekte im Gesamtbild suchen, anmalen,
zählen, mit Zahlenkarten verbinden. Zum Bild erzählen.
Was kannst du auf dem Bild zählen?

Ich zähle die Vögel.
Es sind zusammen … Vögel.
Das sind zusammen … Vögel.

| 1 | 2 | 3 | 4 | 5 | 6 |

Was kann ich schon?

Fische 10 €
Würmer 4 €
Pflanzen 3 €

50

EIS

OFFEN:
Mo – Fr
6.00 – 18.30 Uhr
Sa
6.00 – 12.00 Uhr

5

Kuchen 1 €
Brot 2 €
Kaffee 1 €

Bäckerei Bella
3851X89

H

Linie 13
Linie 3

ZIEL

| 1 | 2 | 3 | 4 | 5 | 6 |

Mengen vergleichen

1 : 1-Zuordnung durch Verbinden erstellen.

Jedes Kind bekommt ein …
Ein … bleibt übrig.
Es bleibt kein …

Mengen vergleichen

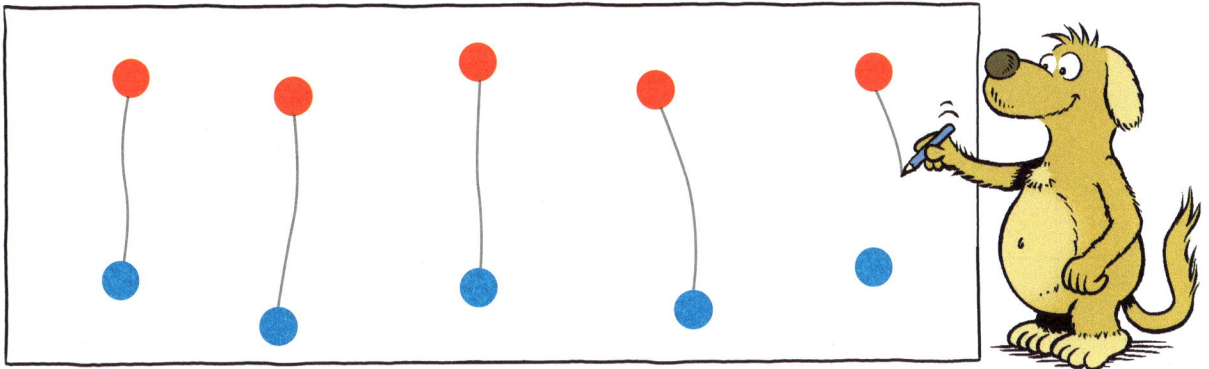

1

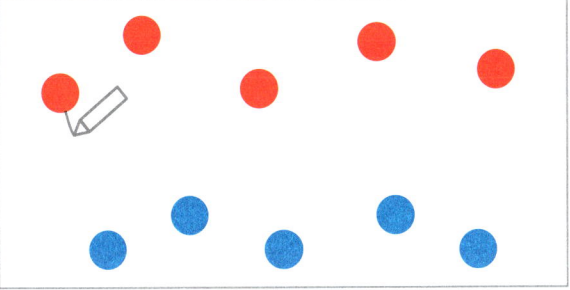
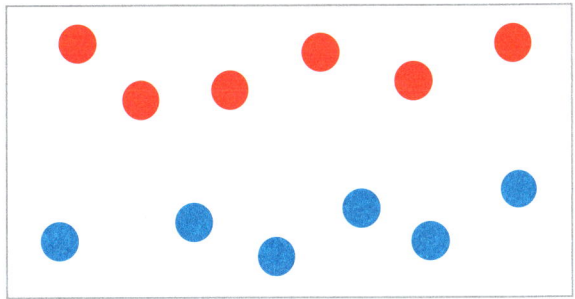

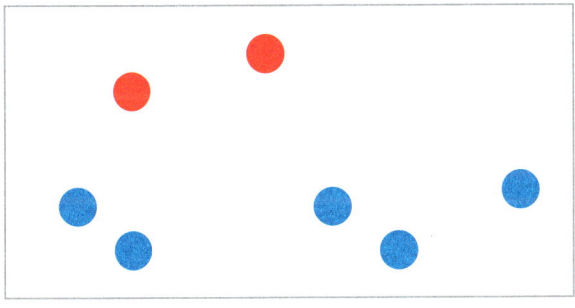
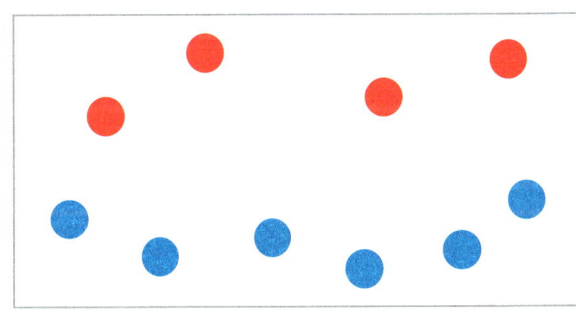

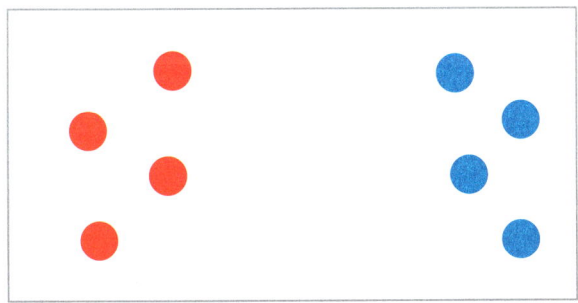
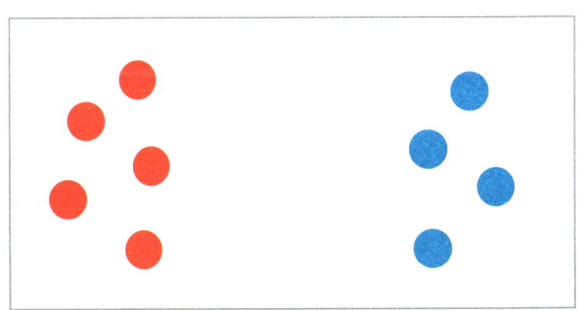

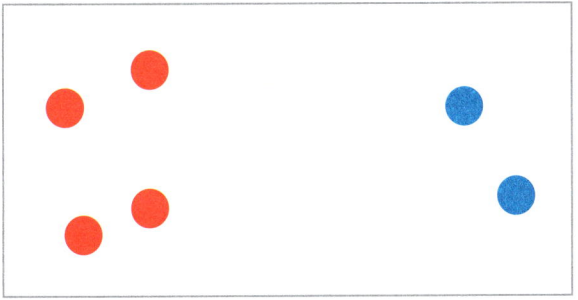
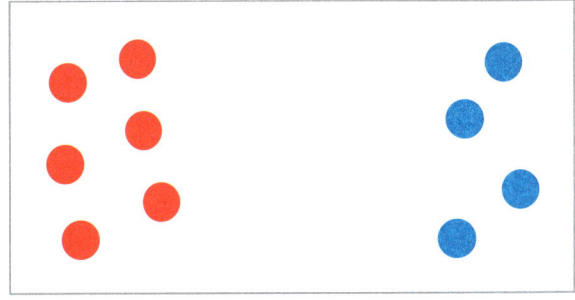

Anzahlen der Mengen durch Verbinden vergleichen, evtl. Plättchen gegenüberlegen.

Es sind gleich viele Plättchen.
Es sind mehr rote Plättchen als blaue Plättchen.

Mengen vergleichen

Ich habe **weniger als** Max.

○ **1** Wo sind weniger?

X   ☐   ☐   ☐

  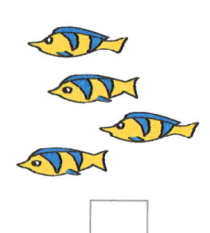

☐   ☐   ☐   ☐

☐   ☐   ☐   ☐

2       

☐ ☐   ☐ ☐   ☐ ☐

Mengen vergleichen, kleinere Menge ankreuzen.
Vergleichende Sätze formulieren.

Es sind weniger blaue … als rote …
Es sind weniger kleine … als große …

Mengen vergleichen

1 Wo sind mehr?

X ☐

☐ ☐

☐ ☐

☐ ☐

☐ ☐

☐ ☐

2

☐ ☐   ☐ ☐   ☐ ☐

Mengen vergleichen, größere Menge ankreuzen.
Vergleichende Sätze formulieren.

Links sind mehr … als rechts.
Es sind mehr große … als kleine …
Es sind mehr eckige … als runde …

9

Mengen vergleichen

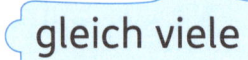

Wir haben gleich viele.

1 Wo sind gleich viele?

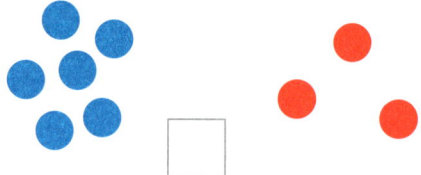

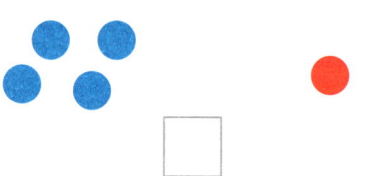

2

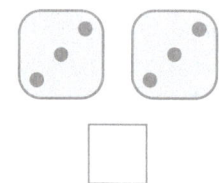

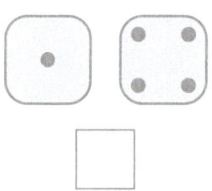

3 Mache gleich.

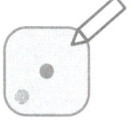

Mengen/Würfelbilder vergleichen, gleiche Mengen ankreuzen.
Würfelbilder gleich machen.
Wie viele Würfelpunkte fehlen?

Es sind gleich viele blaue und rote Plättchen. Es fehlen noch … Punkte. Dann sind es gleich viele Punkte.

Mengen vergleichen

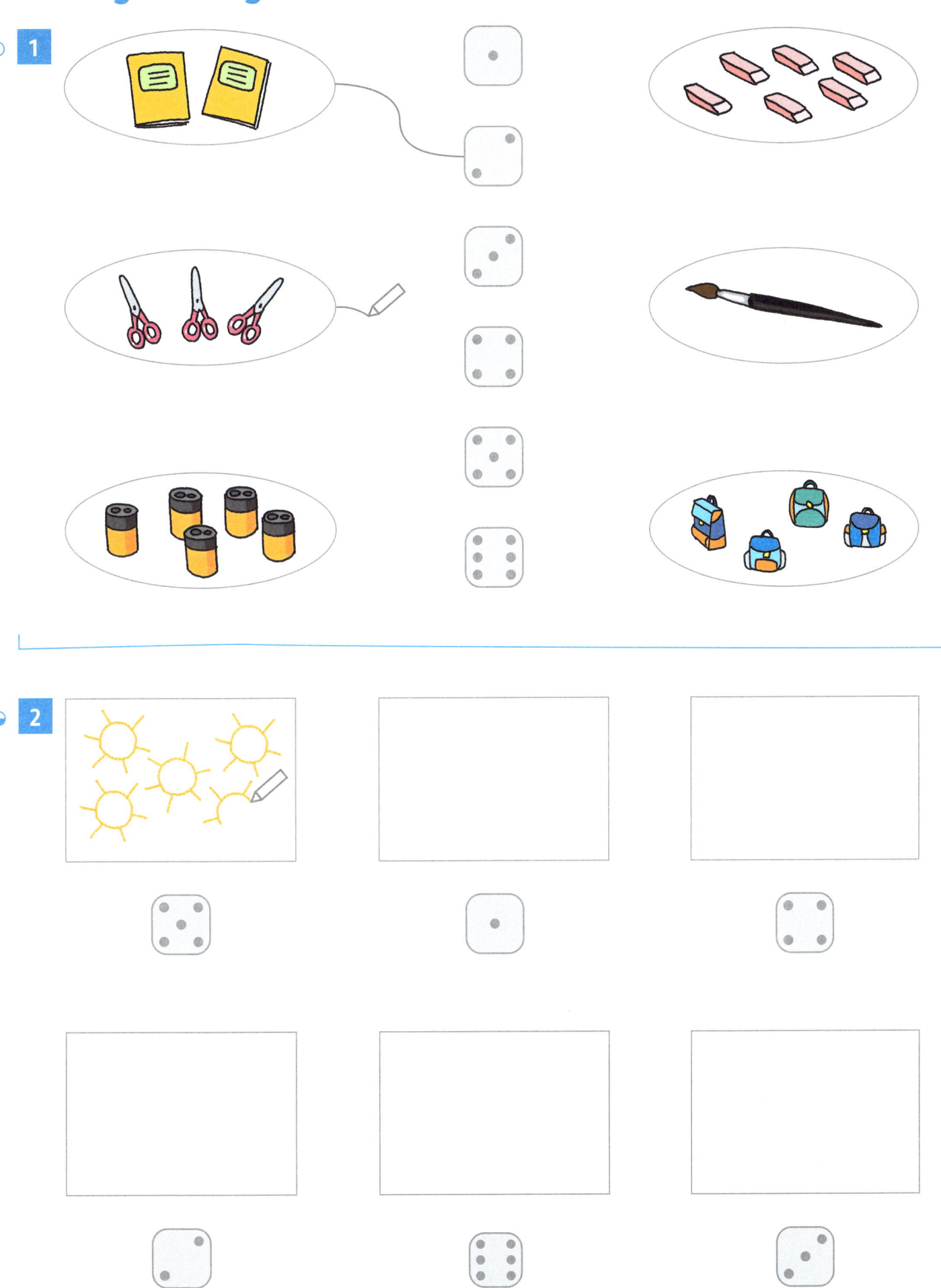

Anzahl der Menge bestimmen, mit Würfelbild verbinden.
Zu Würfelbild Anzahl malen.

Ich zähle ... Hefte.
Es sind ... Hefte.
Ich male ... Sonnen.

1

11

Mengen vergleichen

○ **1**

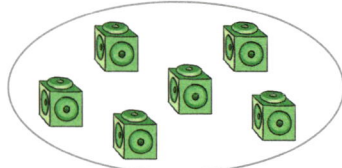

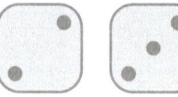

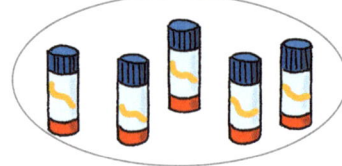
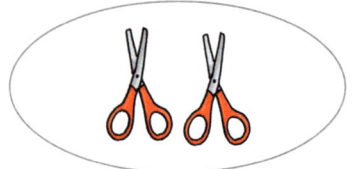

 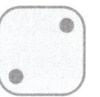

◑ **2**

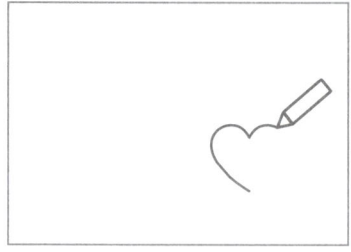

◑ **3**

3 · **Das sind weniger.**

Mengen vergleichen:

Würfeln. Die Anzahl der Punkte nennen.
Der Partner würfelt und vergleicht.

Gespielt mit: _____

Menge Würfelbild zuordnen. Zum Würfelbild Menge malen.
Mengen vergleichen.

Mengen vergleichen

1

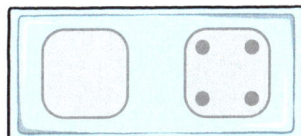

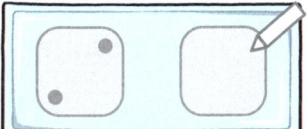

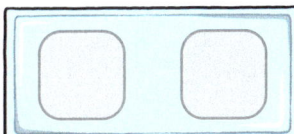

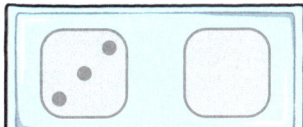

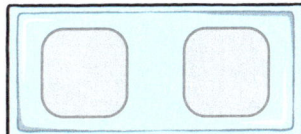

2

Ich kann rechnen.

$1 + 1 =$

In der Summe Augenzahl gleich machen.
Vorwissen notieren.

Ziffern und Mengen bis 6

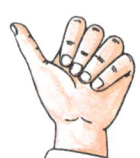 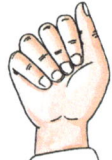  

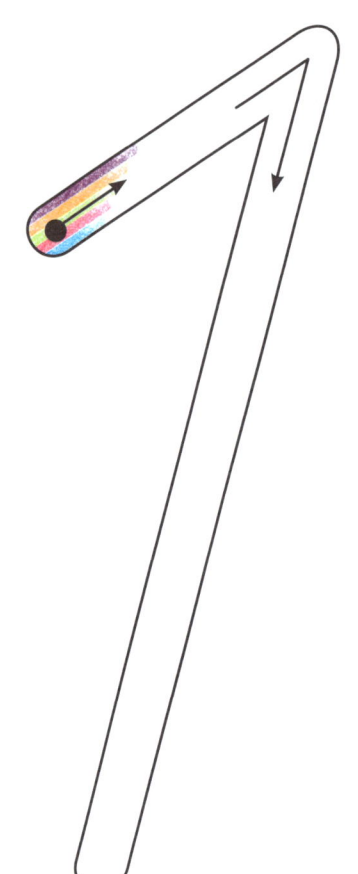

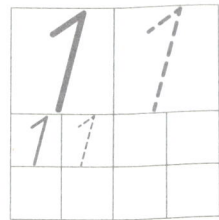

Ziffer 1 mit verschiedenfarbigen Buntstiften nachspuren, schreiben, lesen und mit Fingern zeigen.
Einen Luftballon ausmalen.

Ich zeige einen Finger. Ich male ein Plättchen, einen Luftballon, ... Das ist die Zahl ein...

Ziffern und Mengen bis 6

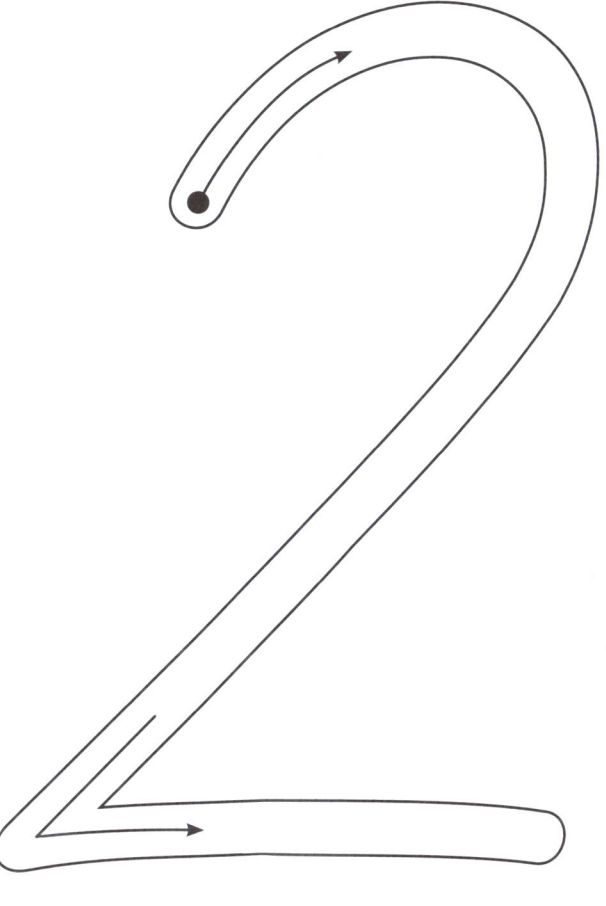

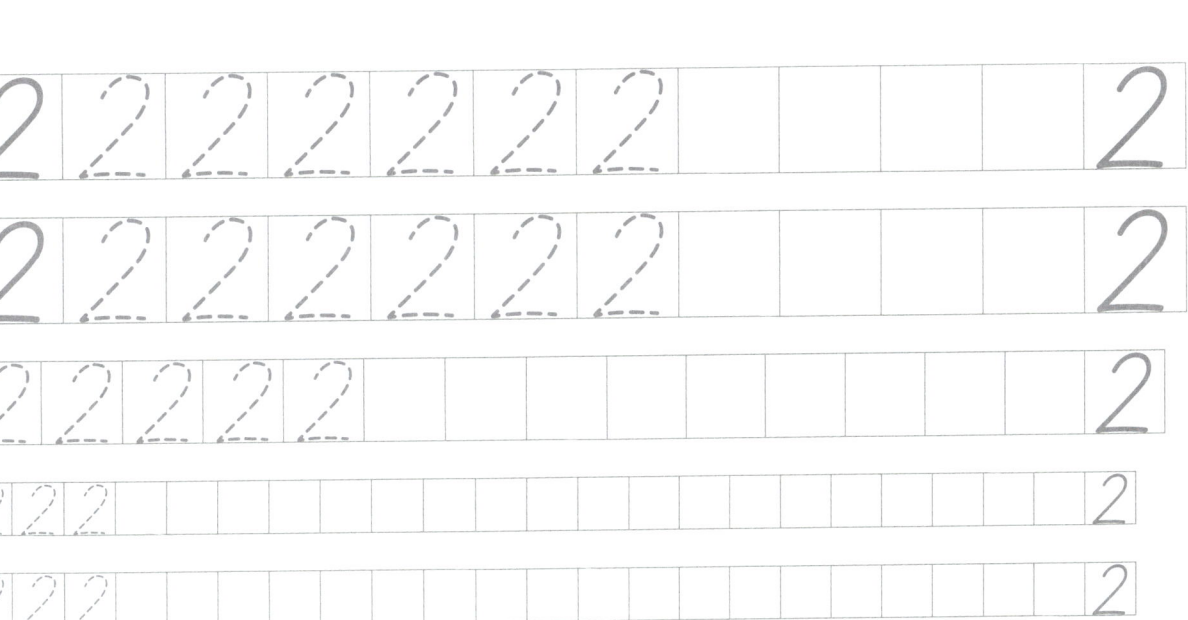

Ziffer 2 schreiben, lesen und mit Fingern zeigen.
2 Luftballons ausmalen.

Ich zeige 2 Finger. Ich male
2 Plättchen, 2 Luftballons, …
Das ist die Zahl zwei.

drei

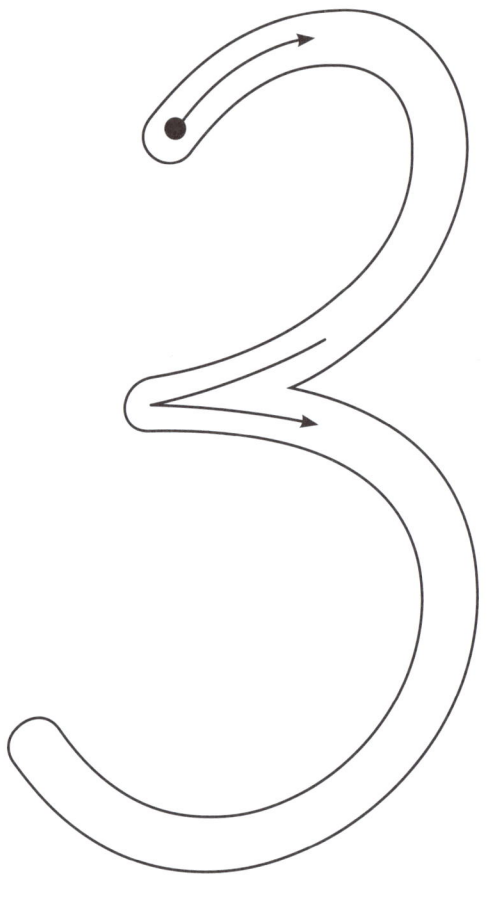

1	2	3
1	2	3

3 3 3 3 3 3 3   3

3 3 3 3 3 3 3   3

3 3 3 3   3

3 3 3   3

3 3 3   3

Ziffer 3 schreiben, lesen und mit Fingern zeigen.
3 Luftballons malen.

 Ich zeige 3 Finger. Ich male
3 Plättchen, 3 Luftballons, ...
Das ist die Zahl drei.

Ziffern und Mengen bis 6

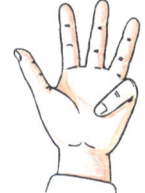 

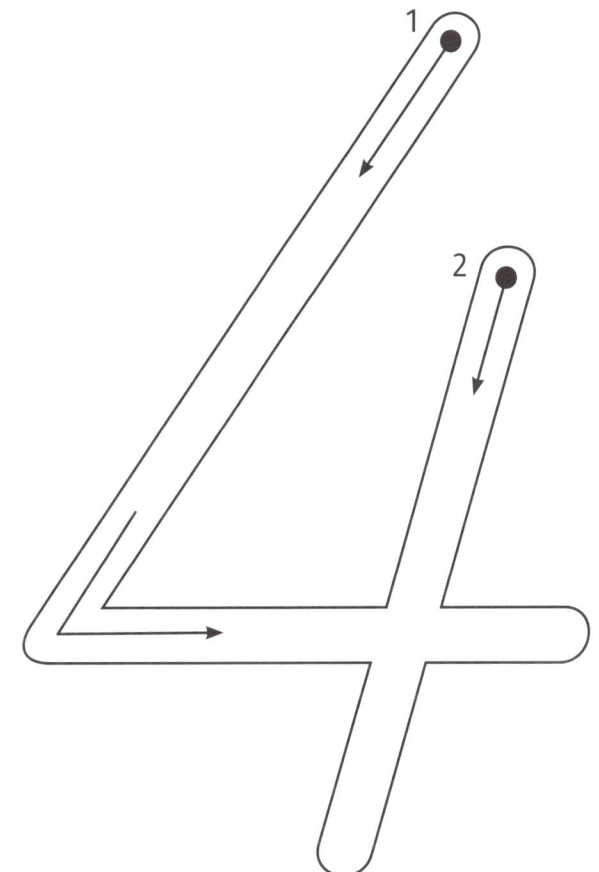

Ziffer 4 schreiben, lesen und mit Fingern zeigen.
4 Luftballons malen.

Ich zeige 4 Finger. Ich male
4 Plättchen, 4 Luftballons, …
Das ist die Zahl vier.

Ziffern und Mengen bis 6

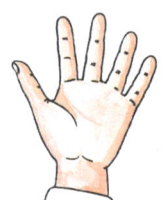 

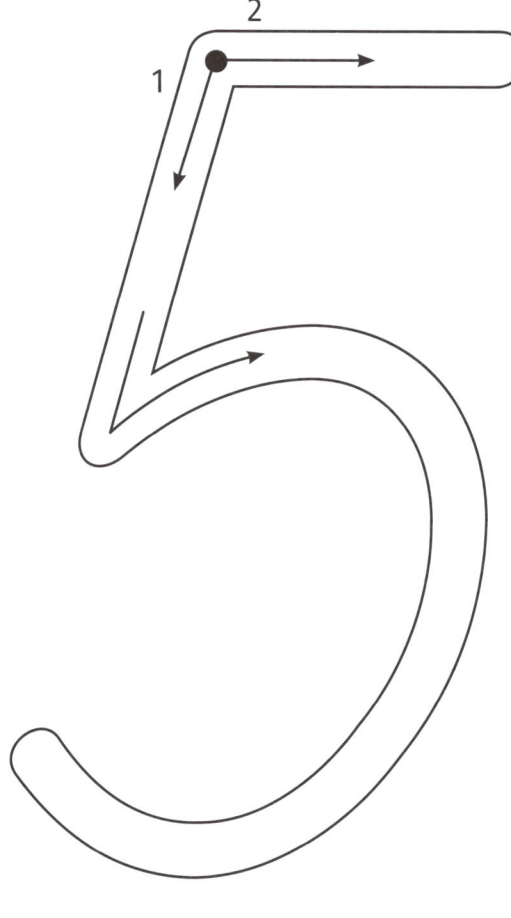

2	3	4	5
2	3	4	5

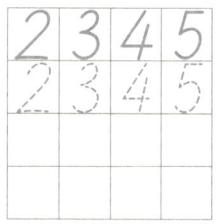

| 5 | 5 | 5 | 5 | 5 | 5 | 5 | | | | 5 |

| 5 | 5 | 5 | 5 | 5 | 5 | 5 | | | | 5 |

| | 5 | 5 | 5 | 5 | | | | | | 5 |

| 5 5 5 | | | | | | | | | | 5 |

| 5 5 5 | | | | | | | | | | 5 |

Ziffer 5 schreiben, lesen und mit Fingern zeigen.
5 Luftballons malen.

Ich zeige 5 Finger. Ich male
5 Plättchen, 5 Luftballons, …
Das ist die Zahl fünf.

Ziffern und Mengen bis 6

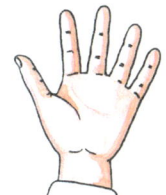 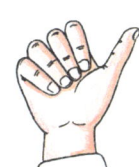 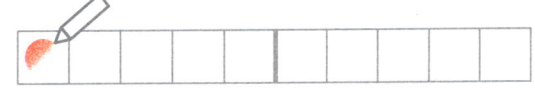 

3	4	5	6
3	4	5	6

| 6 | 6 | 6 | 6 | 6 | 6 | 6 | | | 6 |

| 6 | 6 | 6 | 6 | 6 | 6 | 6 | | | 6 |

| 6 | 6 | 6 | 6 | | | | 6 |

| 6 | 6 | 6 | | | | 6 |

| 6 | 6 | 6 | | | | 6 |

Ziffer 6 schreiben, lesen und mit Fingern zeigen.
6 Luftballons malen.

Ich zeige 6 Finger. Ich male
6 Plättchen, 6 Luftballons, ...
Das ist die Zahl sechs.

Ziffern und Mengen bis 6

1

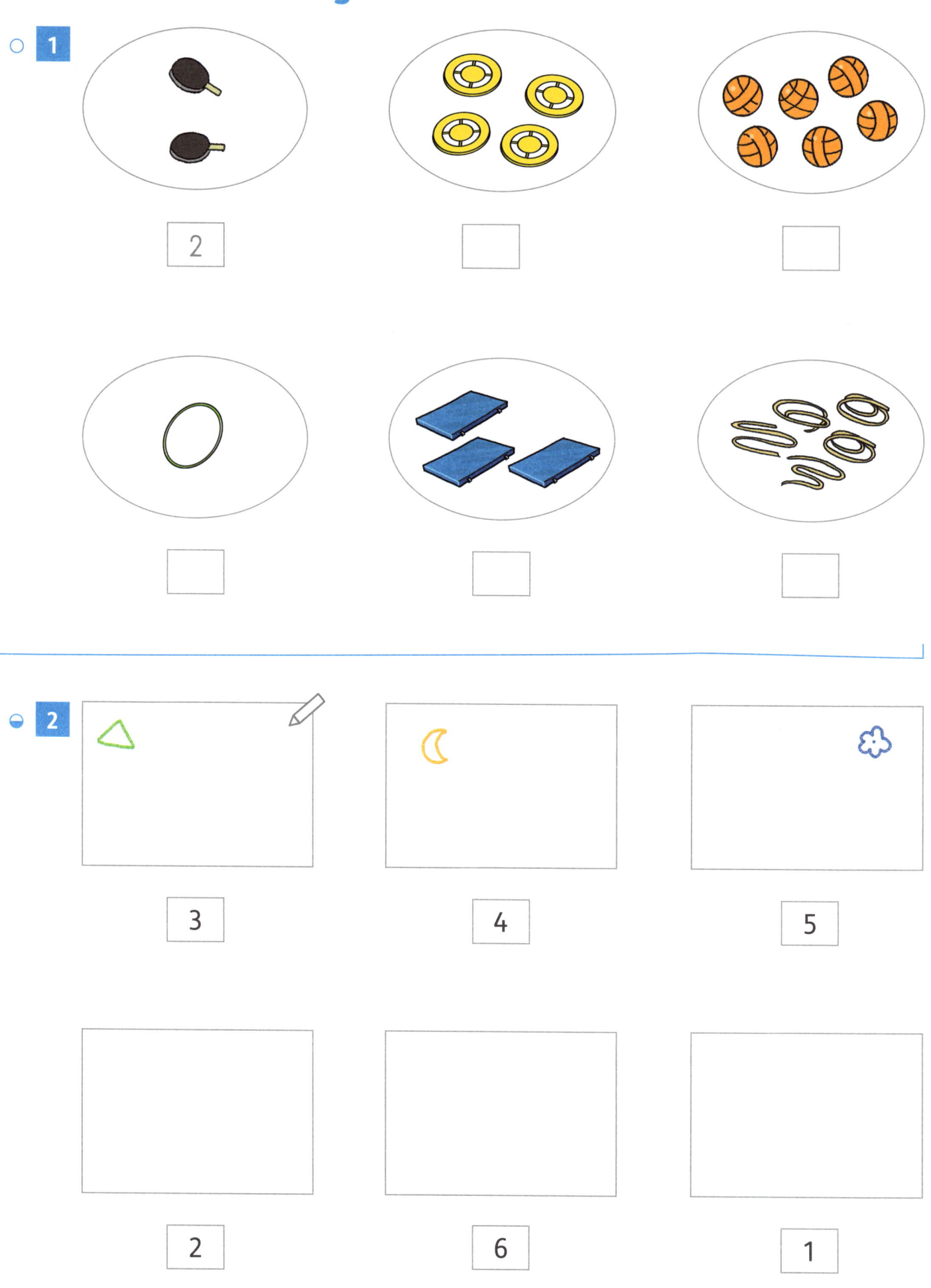

| 2 | | |

| | | |

2

| 3 | 4 | 5 |

| 2 | 6 | 1 |

Mengen mit Anzahlen bis 6 bestimmen und notieren.
Zu Zahlen Mengenbilder malen.

Es sind ... gelbe Frisbees.
Zusammen sind es ... Dreiecke.

Ziffern und Mengen bis 6

Immer 3.

1 4

5

2 6

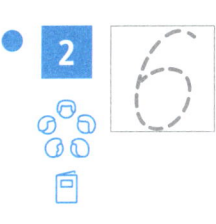

Zahldarstellungen schnell erfassen. Ziffern schreiben.
Mengen verschieden darstellen. Muster beschreiben.
Welche Muster findest du zur 6?

Ich male immer … Kästchen aus.

Ziffern und Mengen bis 6

1

2

6 4 2 6 4 2

5 3 1 5 3 1

3

Ich habe eine 5 gewürfelt.

Ich schreibe 5.

Ziffern schreiben:

Abwechselnd würfeln.

Die Zahl nennen.

Der Partner schreibt die Zahl.

Gespielt mit: _____

22

Ziffern 1 bis 6 schreiben und lesen.

Ziffern und Mengen bis 6

Extra

1

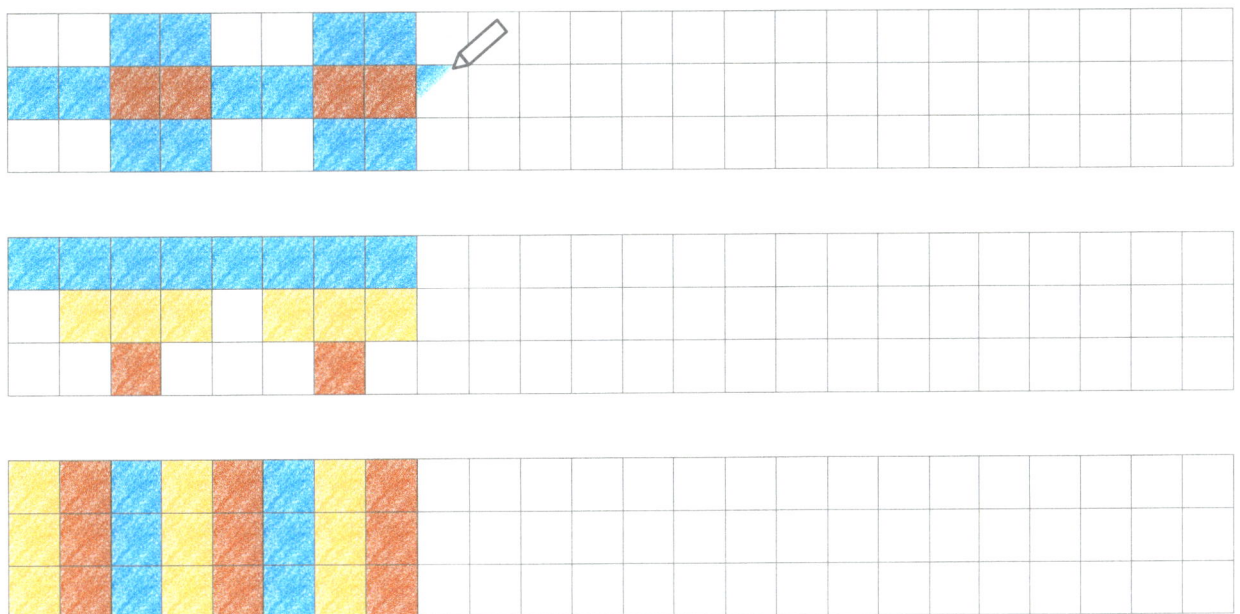

2

Wie geht es weiter?

1 5 2 5 1 5 2 5 1 5

3 2 3 1 3 2 3 1 3 2

5 4 4 5 3 3 5 4 4 5

1 2 3 3 2 1 1 2 3 3

6 5 4 4 5 6 6 5 4 4

3

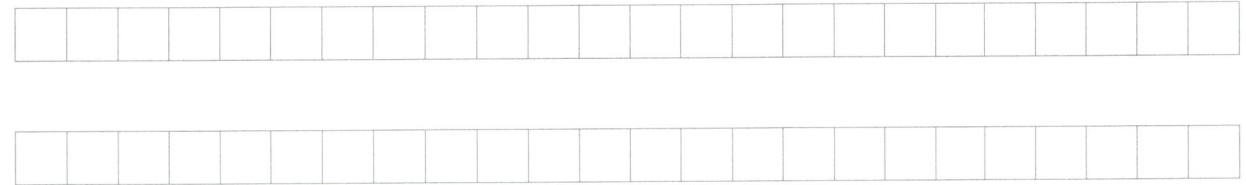

Muster fortsetzen. Ziffern 1 bis 6 schreiben und lesen.
Eigene Muster erfinden.

23

Ziffern und Mengen bis 10

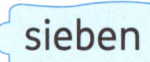

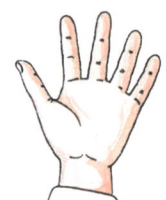 

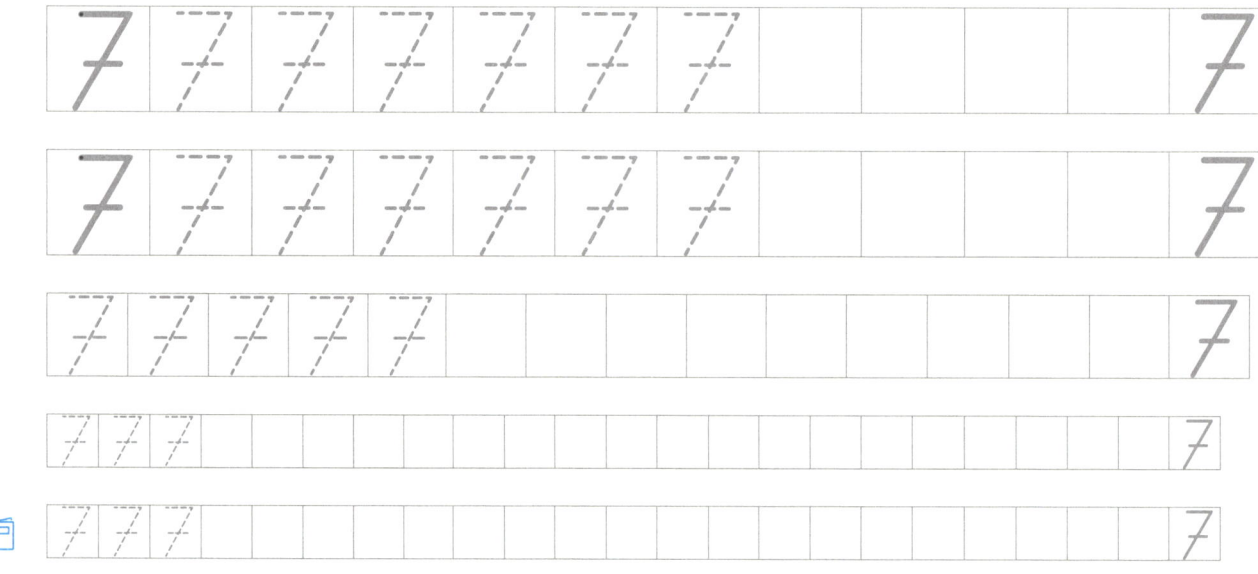

Ziffer 7 schreiben, lesen und mit Fingern zeigen.
7 Luftballons malen.

Ich zeige 7 Finger. Ich male
7 Plättchen, 7 Luftballons, …
Das ist die Zahl sieben.

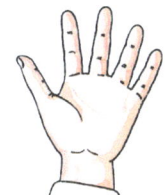

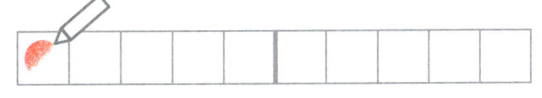

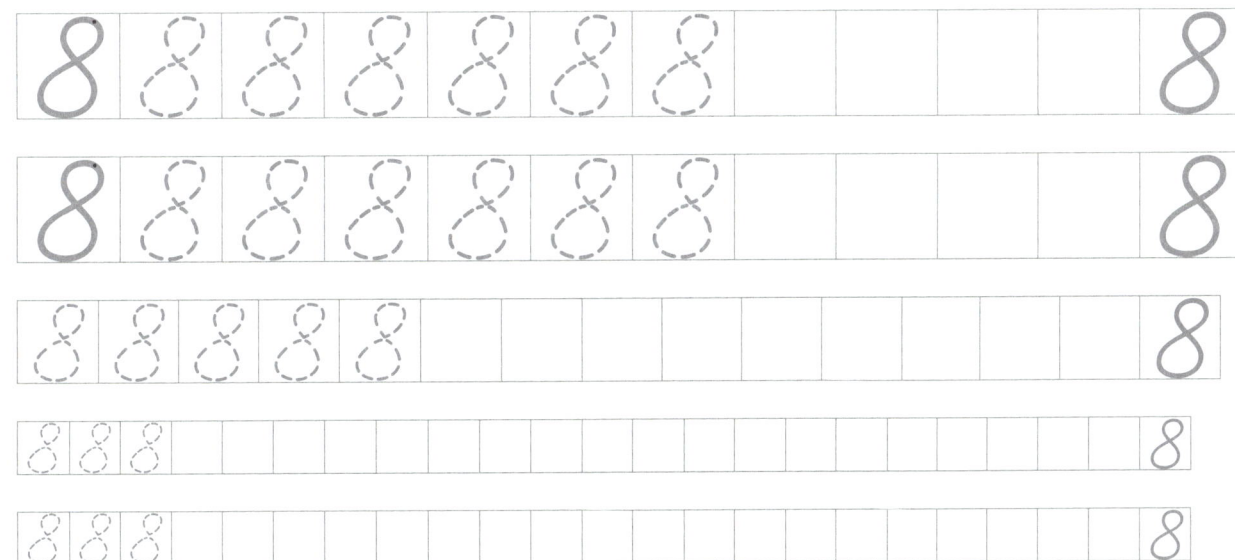

2 4 6 8
2 4 6 8

8 8 8 8 8 8 8　　　8

8 8 8 8 8 8 8　　　8

8 8 8 8 8　　　　　　8

8 8 8　　　　　　　　8

 8 8 8　　　　　　　　8

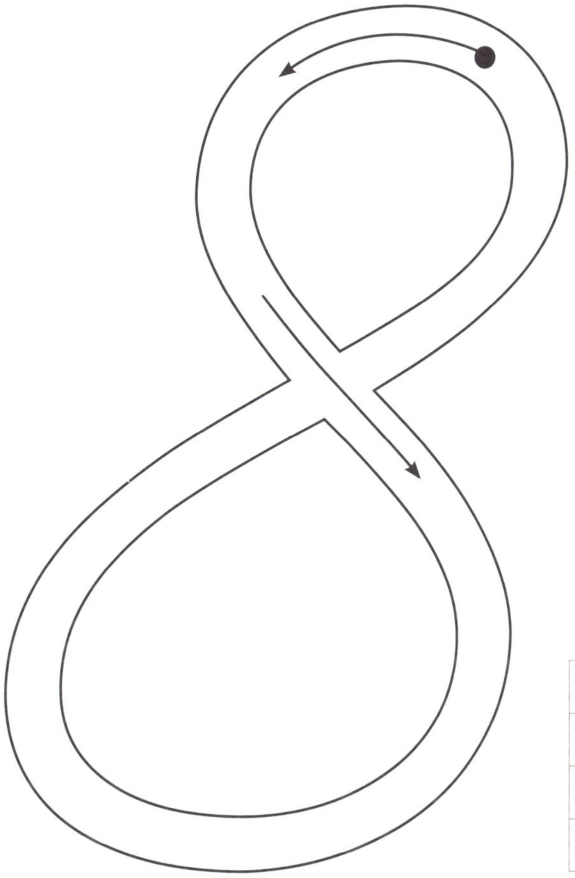

Ziffer 8 schreiben, lesen und mit Fingern zeigen.
8 Luftballons malen.

Ich zeige 8 Finger. Ich male
8 Plättchen, 8 Luftballons, ...
Das ist die Zahl acht.

25

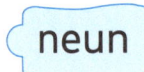
neun

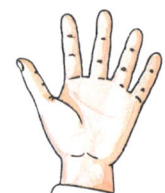
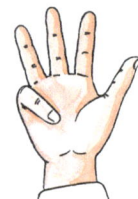

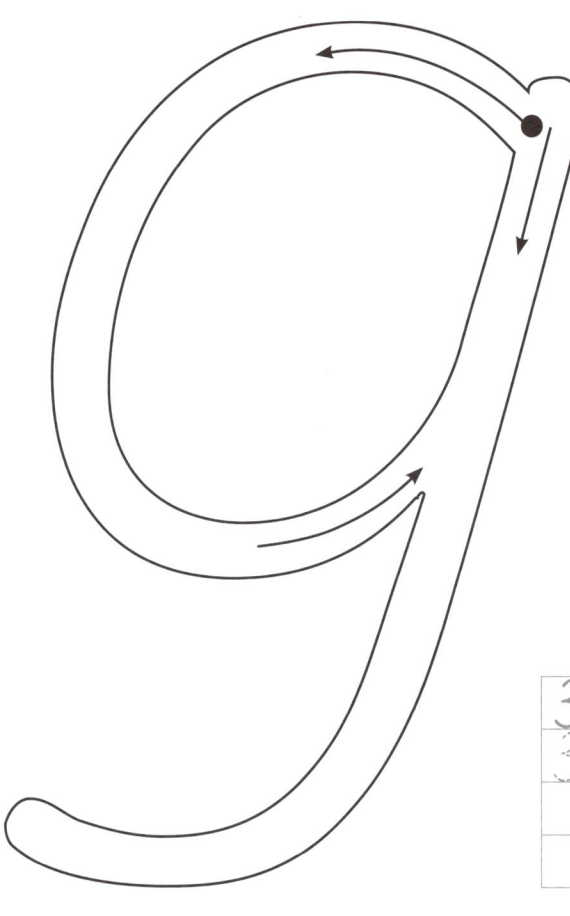

3 5 7 9
3 5 7 9

9 9 9 9 9 9 9   9

9 9 9 9 9 9 9   9

9 9 9 9 9   9

9 9 9   9

9 9 9   9

Ziffer 9 schreiben, lesen und mit den Fingern zeigen.
9 Luftballons malen.

Ich zeige 9 Finger. Ich male
9 Plättchen, 9 Luftballons, …
Das ist die Zahl neun.

Ziffern und Mengen bis 10

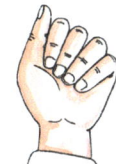 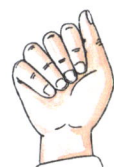  

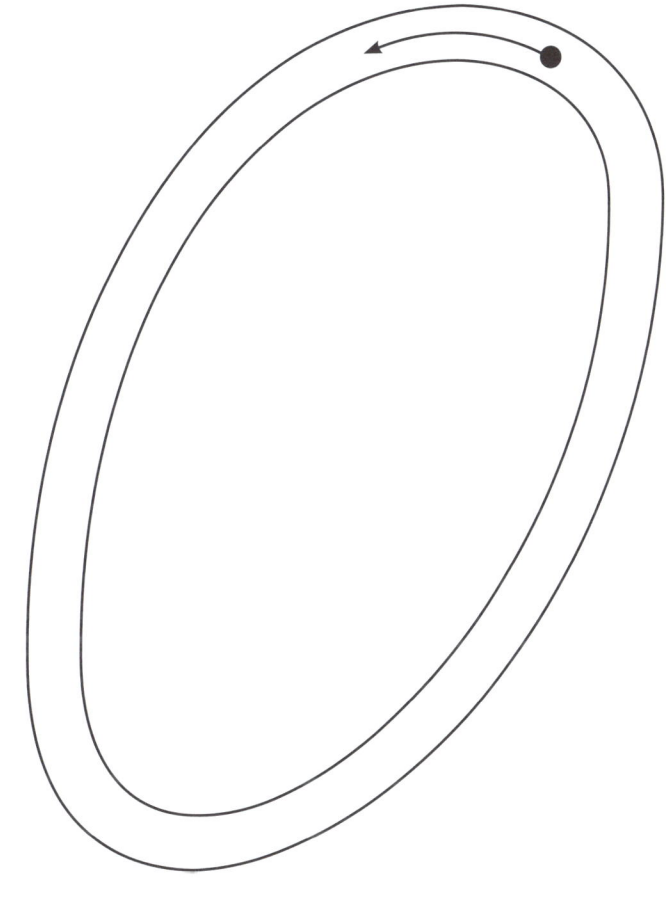

8040
8040

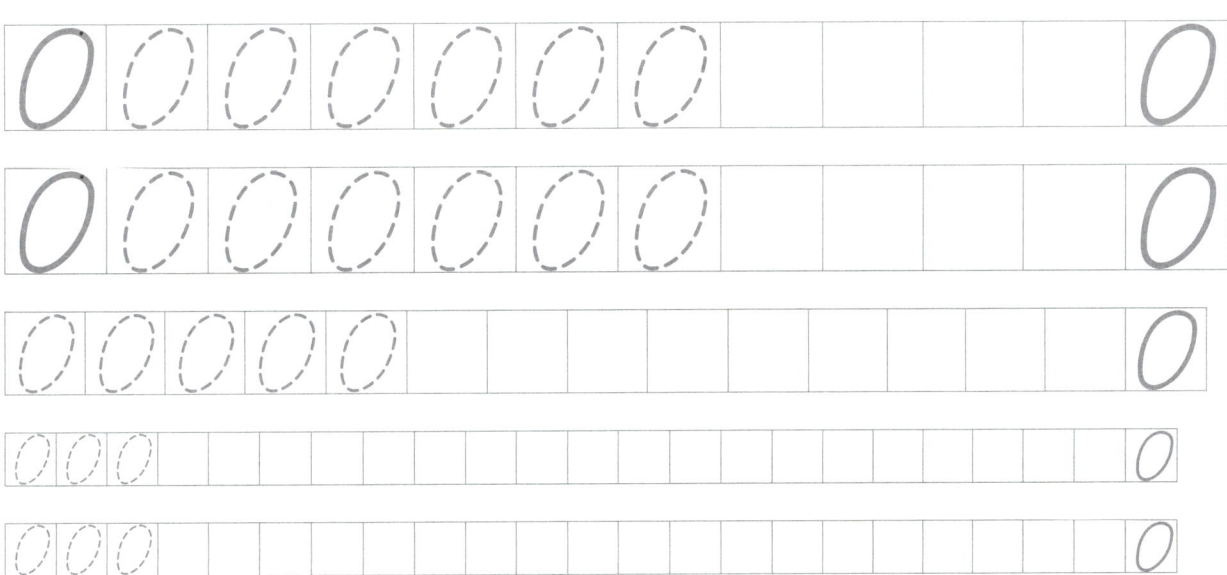

Ziffer 0 schreiben und lesen.

Ich zeige 0 Finger. Ich male 0 Plättchen, 0 Luftballons, ... Das ist die Zahl null.

Ziffern und Mengen bis 10

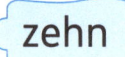

zehn

10

10 10 10

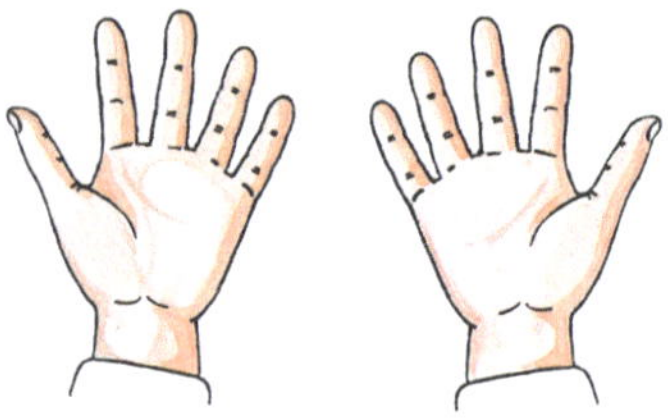

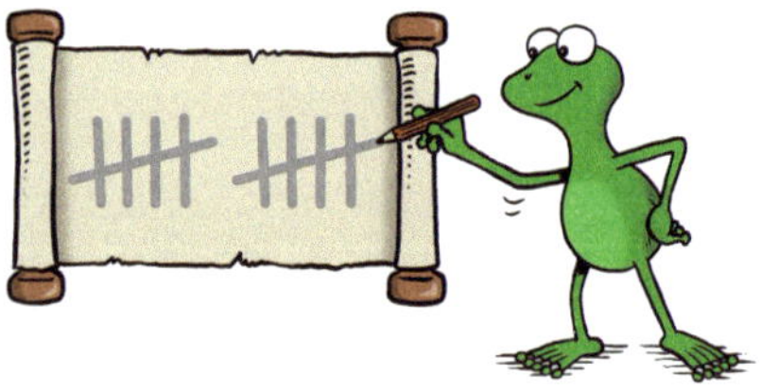

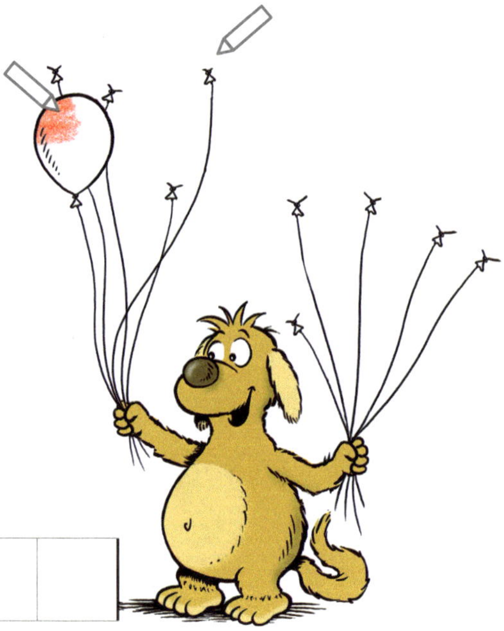

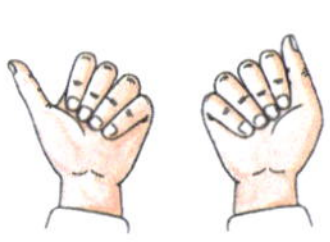

eins

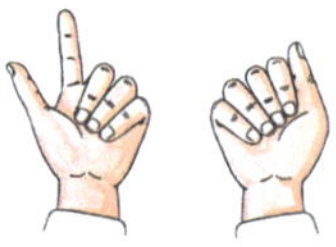

zwei

drei

vier

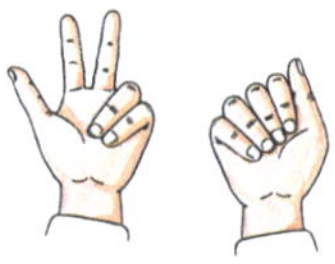

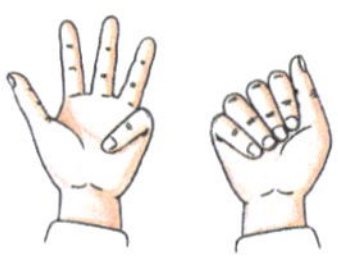

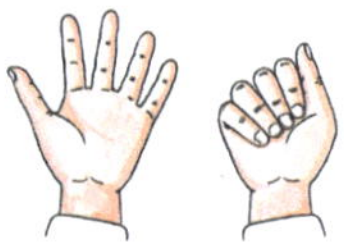

fünf

1 2 3 4 5

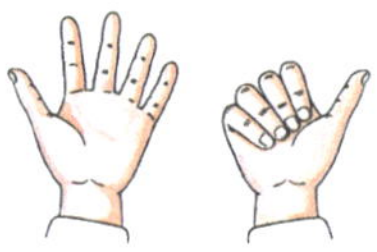

sechs

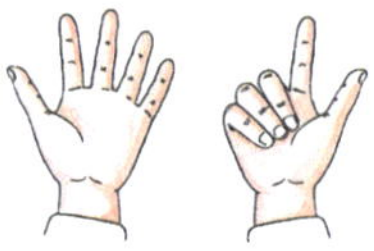

sieben

acht

neun

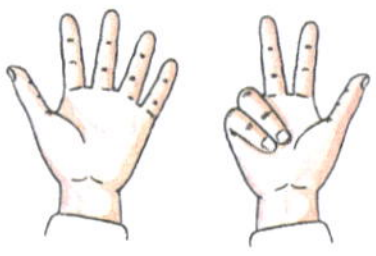

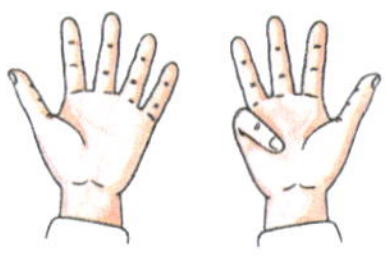

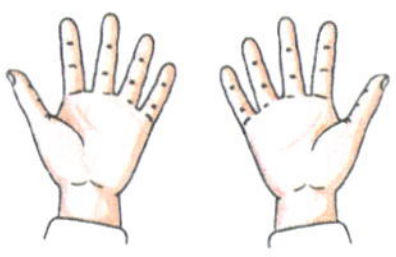

zehn

6 7 8 9 10

Ziffern 1 und 0 als 10 schreiben, lesen und mit den Fingern zeigen.
10 Luftballons malen. Alle Ziffern schreiben.

Ich zeige 10 Finger. Ich male
10 Plättchen, 10 Luftballons, ...
Das ist die Zahl zehn.

Ziffern und Mengen bis 10

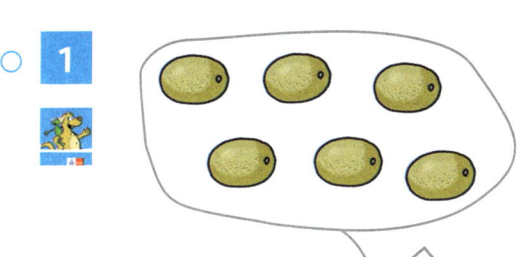 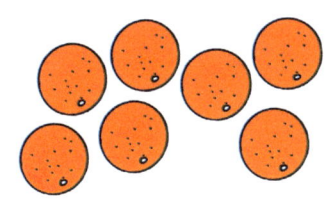 

5	6	7	8	9	10

 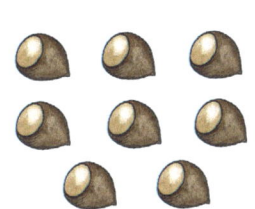 

2

5	7	9

6	8	10

Mengen bis 10 zuordnen. Mengen bis 10 ergänzen.

Es sind ... Kiwis, ... Orangen, ... Äpfel, ...
Ich male ... Blumen dazu.
Dann sind es zusammen ... Blumen.

Ziffern und Mengen bis 10

1

		||	|||	||||	卌	卌		卌 ||	卌 |||	卌 ||||	卌 卌
1									

2

卌						
5						

Gegenstände farbig im Bild anmalen.
Anzahlen bestimmen, als Zahlen notieren und mit Strichlisten darstellen.

Das sind 5 blaue Schiffe.
Ich male ... Muscheln gelb an.
Es sind zusammen ... braune Seeste...

Ziffern und Mengen bis 10

⌗⌗⌗						
5	10	6	3	2	4	

Strichliste ergänzen. Objekte im Bild einzeichnen.
Wie viele Fische, Bälle, ... hast du gezeichnet?

3

Ich sehe ... Schiffe.
Ich zeichne ... Fische, ... Bälle,
... Eimer, ... Handtücher, ... Enten.

1

2

9 8 7 9 8 7

7 8 9 7 8 9

9 0 9 0 9 0

7 6 5 7 6 5

3

Neun, acht, sieben, sechs, fünf, vier, drei, zwei, eins, null.

Rückwärts zählen:

Eine Zahlenkarte heimlich aufdecken. Die Zahl mit Fingern zeigen.

Der Partner nennt die Zahl und zählt bis zur 0 rückwärts.

Gespielt mit: _____

Ziffern 7, 8, 9 und 0 schreiben und lesen. Rückwärts zählen.

Ziffern und Mengen bis 10

Immer 6.

 1

 7

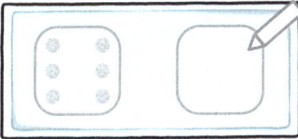  

 8

 9

 10

Das Ganze in 2 Teile zerlegen. Alle Würfelpaare zur Zahl finden.

Zahlen darstellen

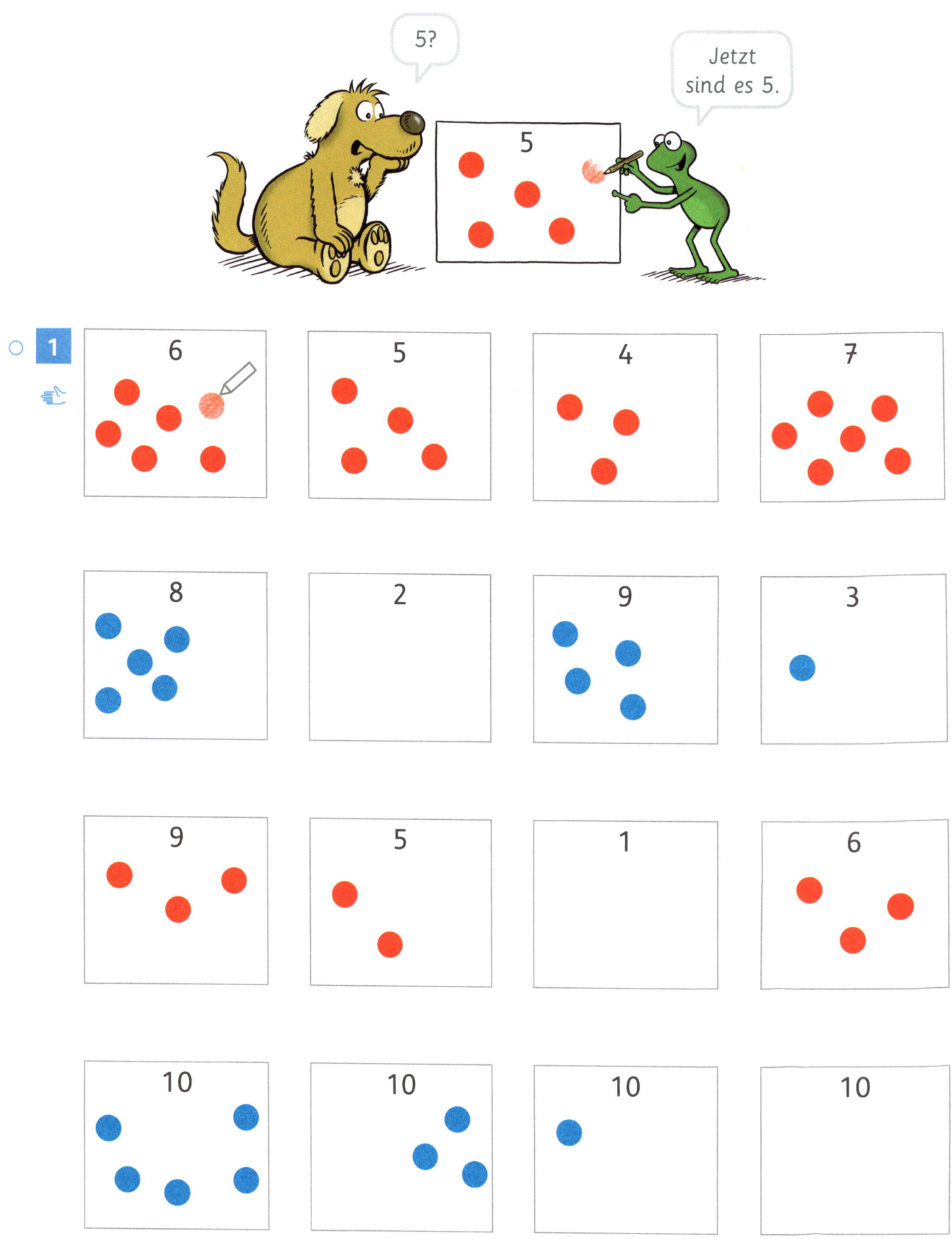

Mengen ergänzen: mit Plättchen legen, dazumalen.

Ich lege noch ... Plättchen dazu.
Ich male noch ... Plättchen dazu.
Ich ergänze zu ...

Zahlen darstellen

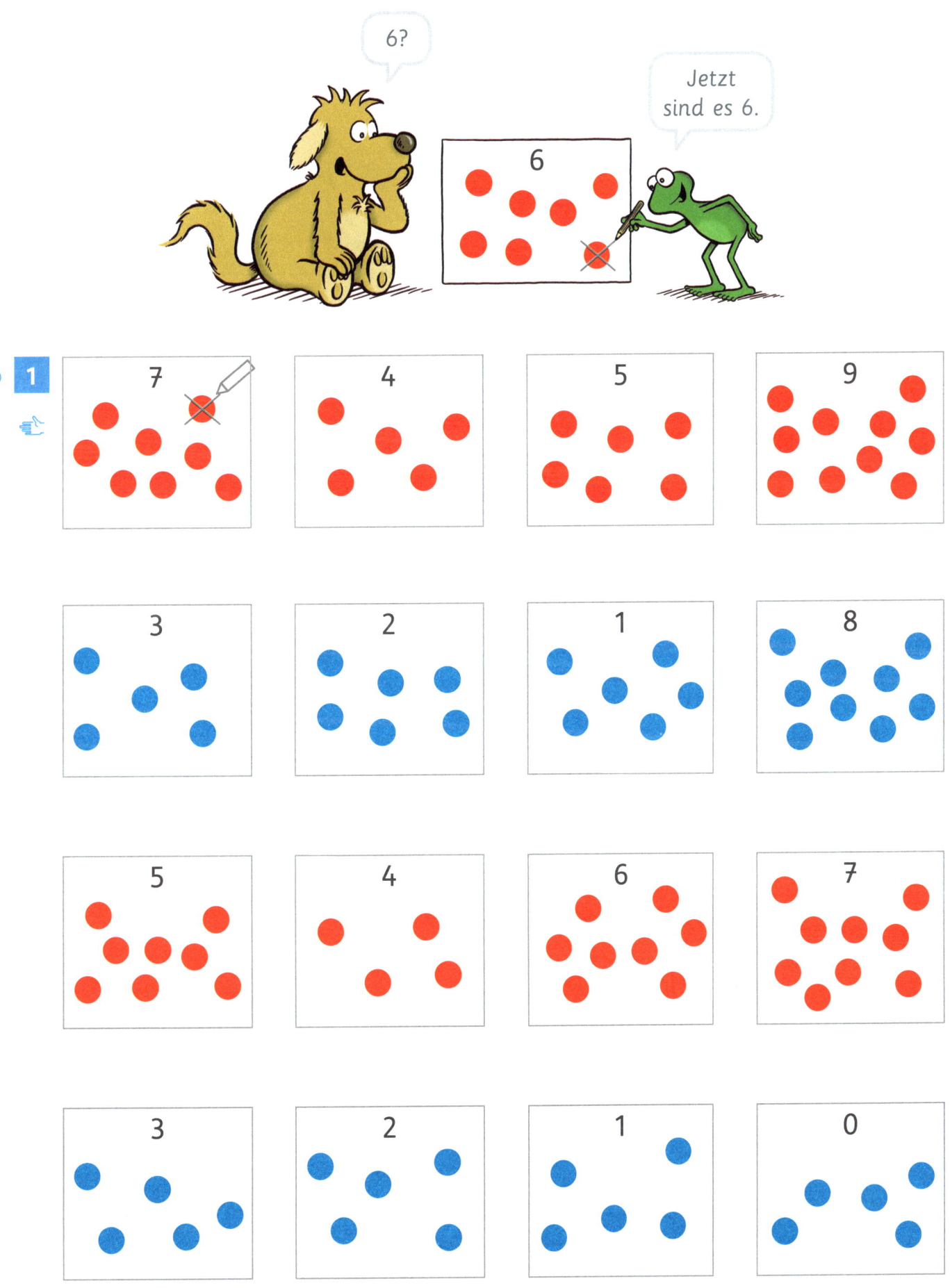

Menge mit Plättchen legen.
Bis zur angegebenen Anzahl Plättchen wegnehmen.

Ich streiche ... Plättchen durch.
Ich nehme ... Plättchen weg.

35

Zahlen darstellen

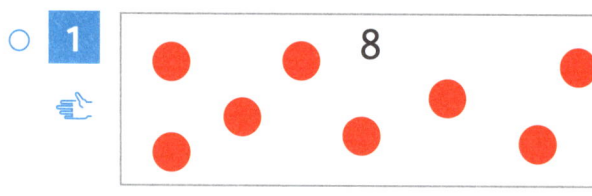
8

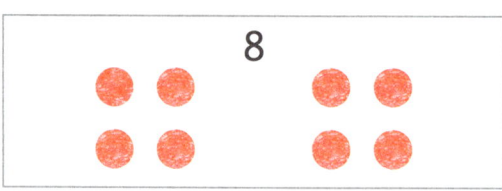
8

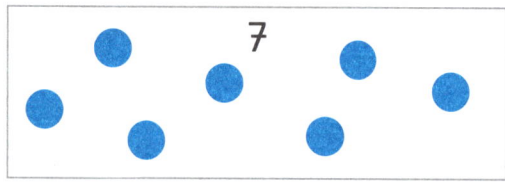
7

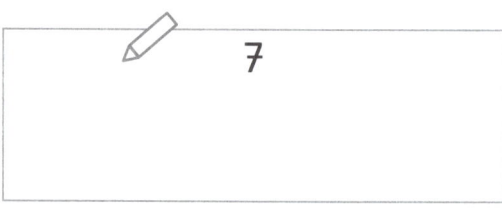
7

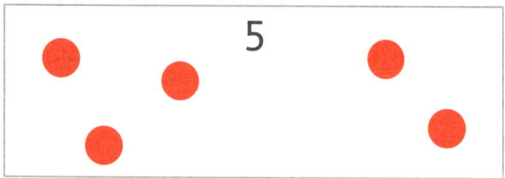
5

5

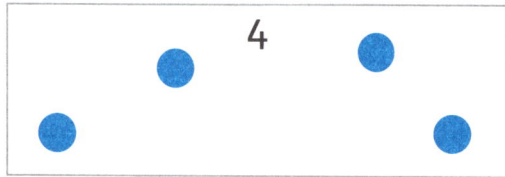
4

4

9

9

10

10

Plättchen geschickt legen und zeichnen.
Wie erkennst du schnell, wie viele Plättchen es sind?

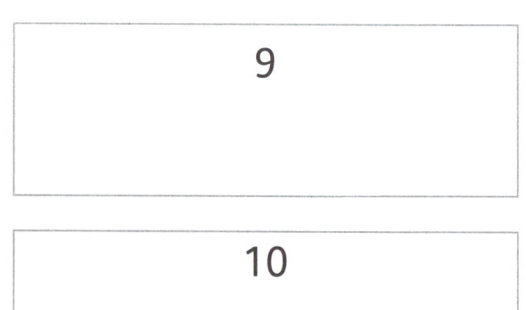
Ich ordne die Plättchen.
Ich sehe ein Viereck und ein Dreieck,
Würfelbilder, ...

Zahlen darstellen

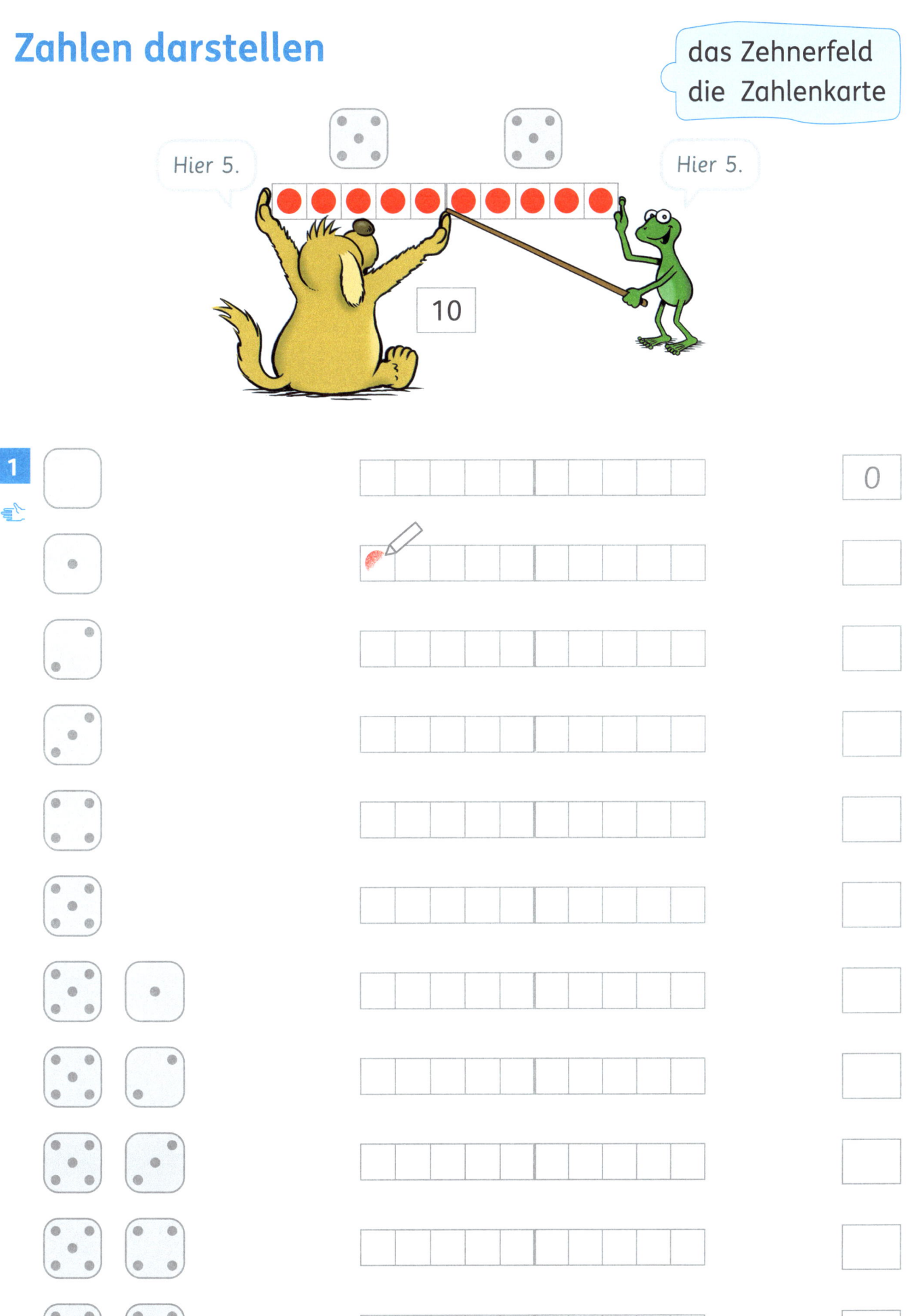

Hier 5.   Hier 5.

10

1

0

Zahlen im Zehnerfeld mit Plättchen legen und malen.
Zahlen notieren. Passende Zahlenkarte dazulegen.

Das Zehnerfeld hat 10 Felder.
Ich lege … Plättchen ins Zehnerfeld.
Ich male … Plättchen ins Zehnerfeld.

37

Zahlen darstellen

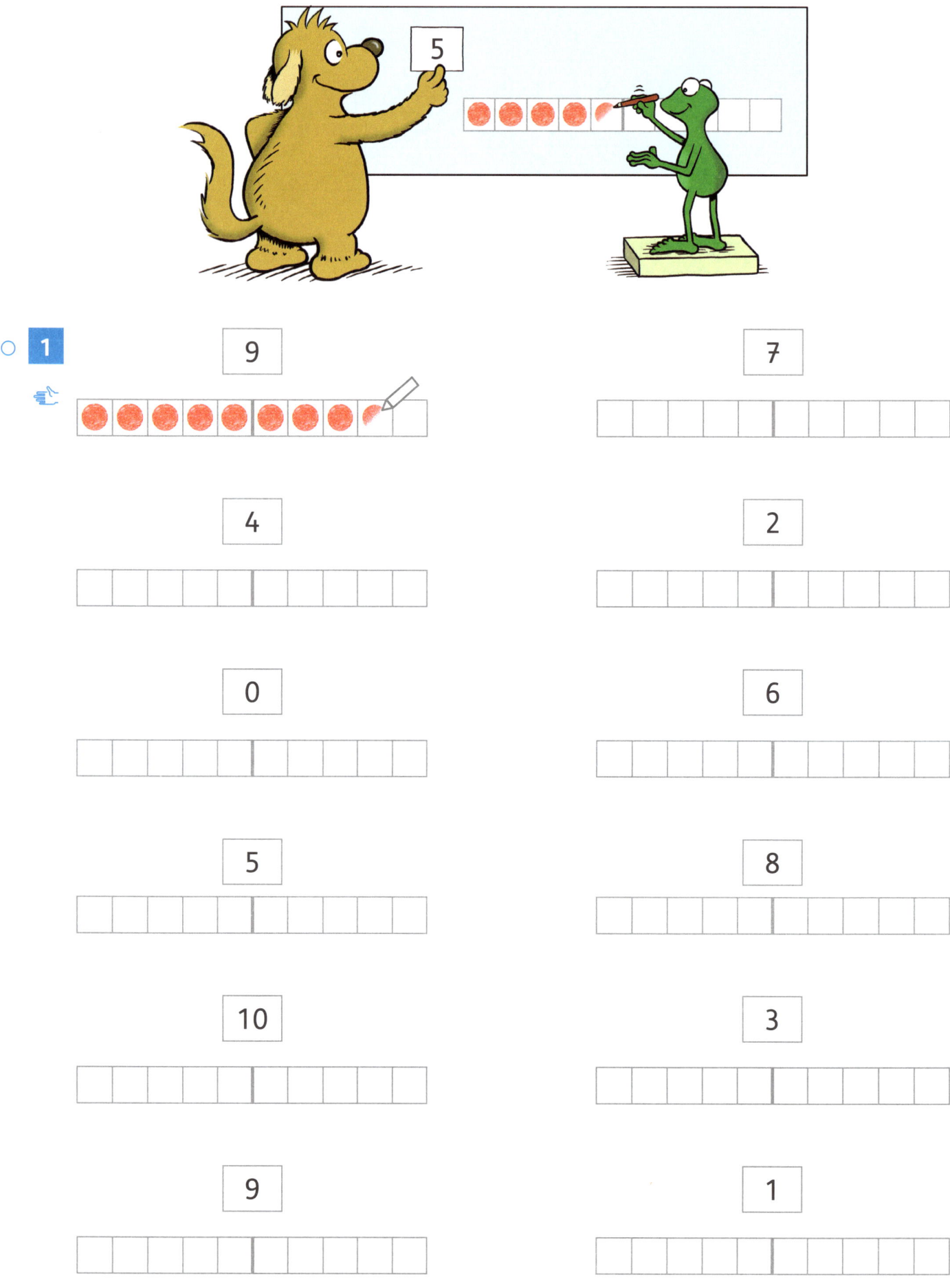

1

9

7

4

2

0

6

5

8

10

3

9

1

Plättchen entsprechend der Zahl ins Zehnerfeld malen.

Für die Zahl … male ich … Plättchen ins Zehnerfeld.
… Kästchen bleiben leer.

Zahlen darstellen

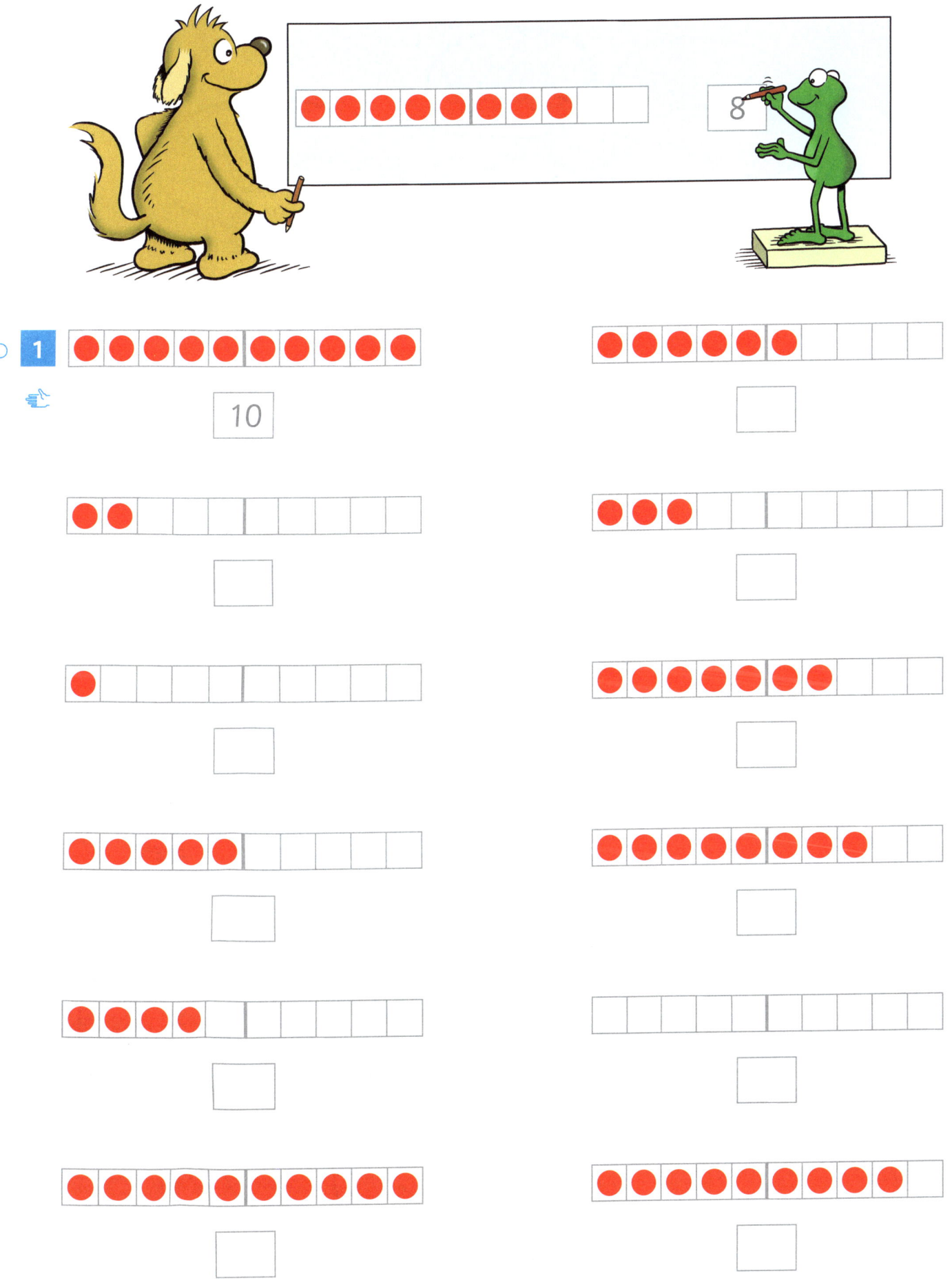

1   10

Zahlen darstellen

Immer 5.

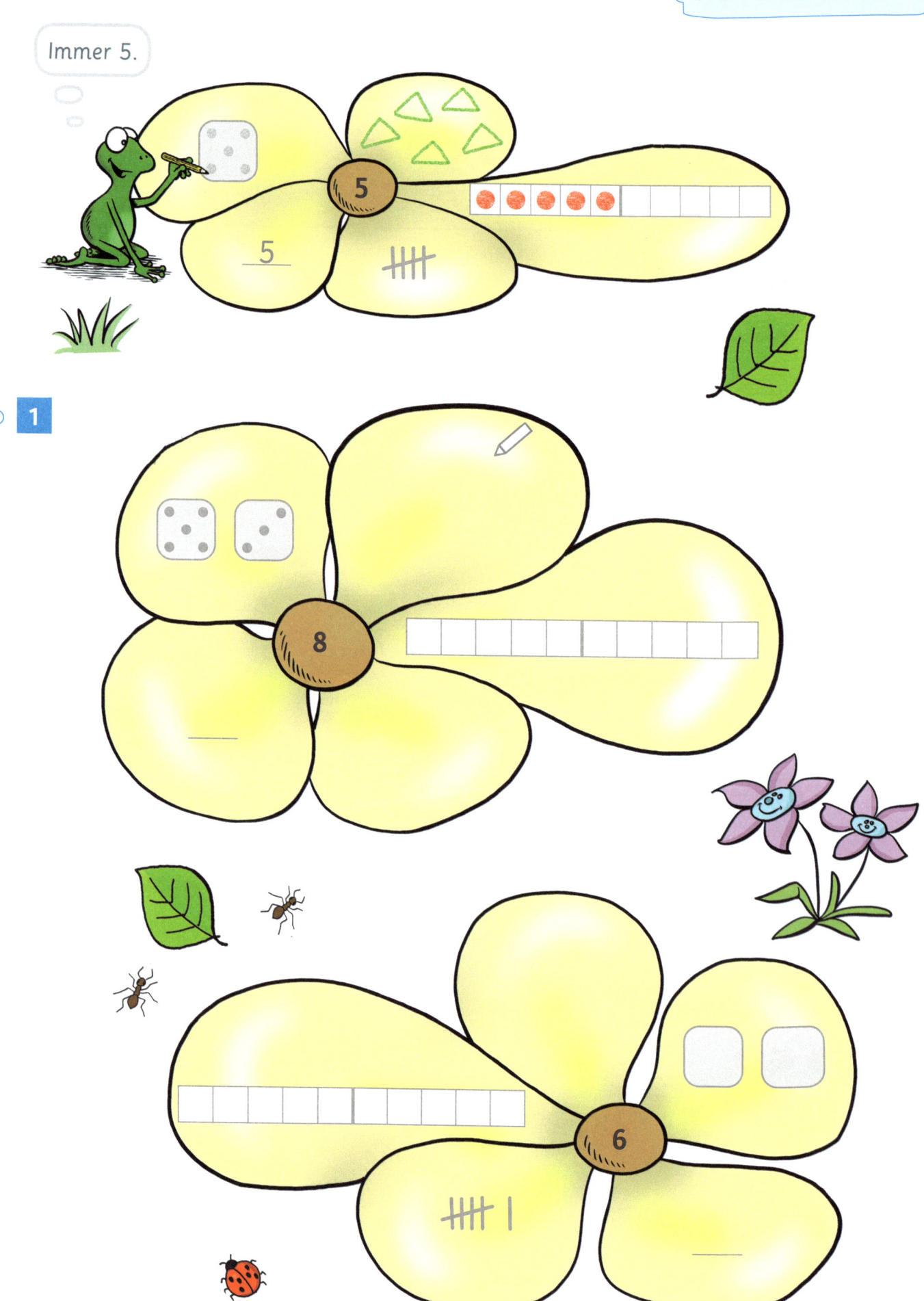

○ **1**

Eine Zahl verschieden darstellen: als Würfelbild, mit Dreiecken, als Ziffer, als Strichliste, im Zehnerfeld mit Plättchen.

4

Es ist die Zahl ...
Ich male ... Striche, ... Plättchen, ...

Zahlen darstellen

1

2

5

Blitzschnell schauen:

Zahl verdeckt mit Plättchen
legen. Kurz zeigen.
Der Partner nennt die Zahl.

Gespielt mit: _____

Eine Zahl verschieden darstellen, evtl. mit Plättchen ins Zehnerfeld legen.
Menge simultan erfassen, Zahl nennen.

Zahlen zerlegen

$$\underline{}2\underline{} + \underline{}2\underline{}$$

1 Immer 4.

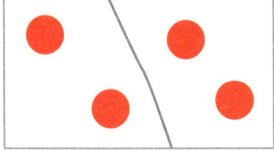
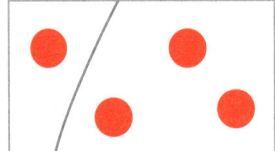
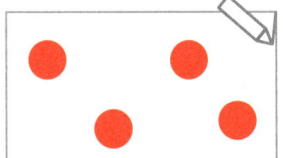
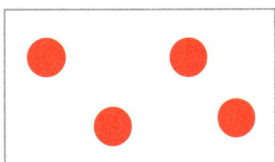

$\underline{}2\underline{} + \underline{}2\underline{}$ $\underline{\quad} + \underline{\quad}$ $\underline{\quad} + \underline{\quad}$ $\underline{\quad} + \underline{\quad}$

Immer 5.

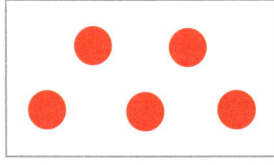
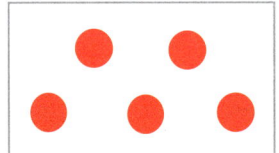
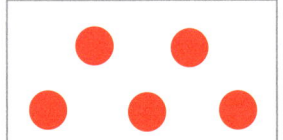
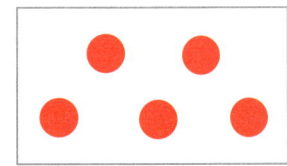

$\underline{\quad} + \underline{\quad}$ $\underline{\quad} + \underline{\quad}$ $\underline{\quad} + \underline{\quad}$ $\underline{\quad} + \underline{\quad}$

2 Immer 6.

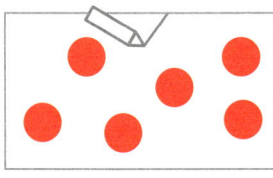
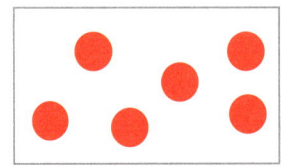
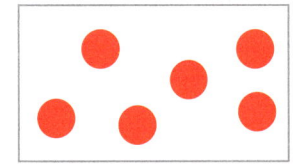
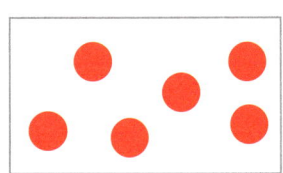

$\underline{\quad} + \underline{\quad}$ $\underline{\quad} + \underline{\quad}$ $\underline{\quad} + \underline{\quad}$ $\underline{\quad} + \underline{\quad}$

Immer 7.

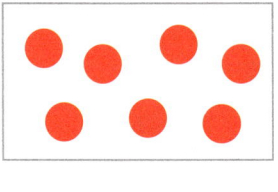
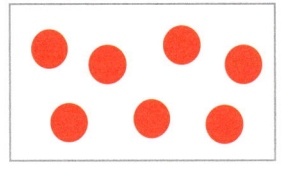
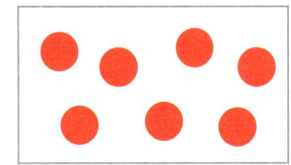
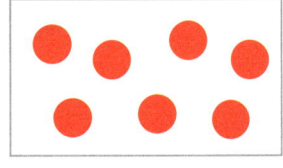

$\underline{\quad} + \underline{\quad}$ $\underline{\quad} + \underline{\quad}$ $\underline{\quad} + \underline{\quad}$ $\underline{\quad} + \underline{\quad}$

Mengen bis 7 zerlegen.
Pluszeichen einführen.

Ich zerlege das Ganze in 2 Teile.
Ich zerlege 4 in 2 plus 2.

Zahlen zerlegen

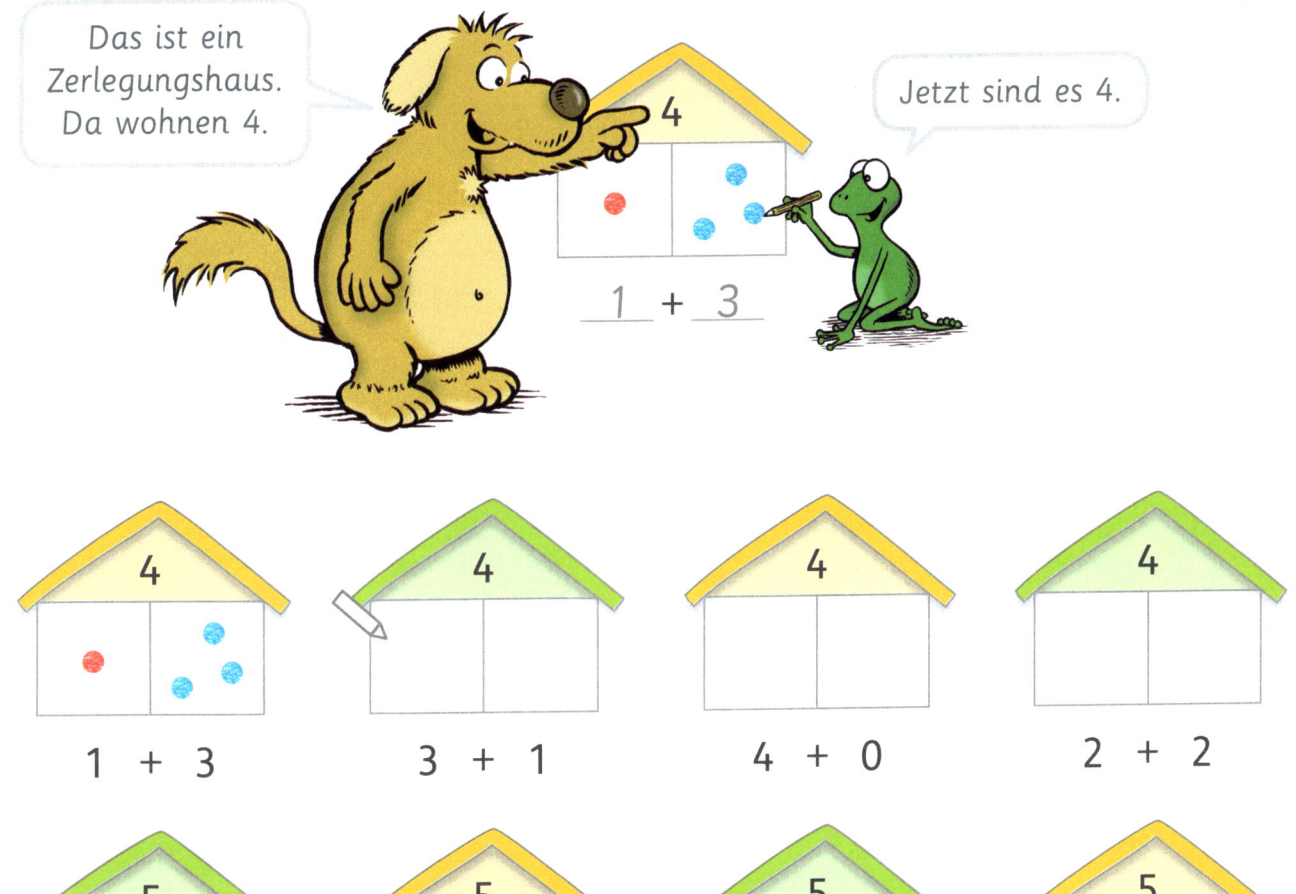

Das ist ein Zerlegungshaus. Da wohnen 4.

Jetzt sind es 4.

1 + 3

1

4

1 + 3

4

3 + 1

4

4 + 0

4

2 + 2

5

5 + ___

5

3 + ___

5

1 + ___

5

4 + ___

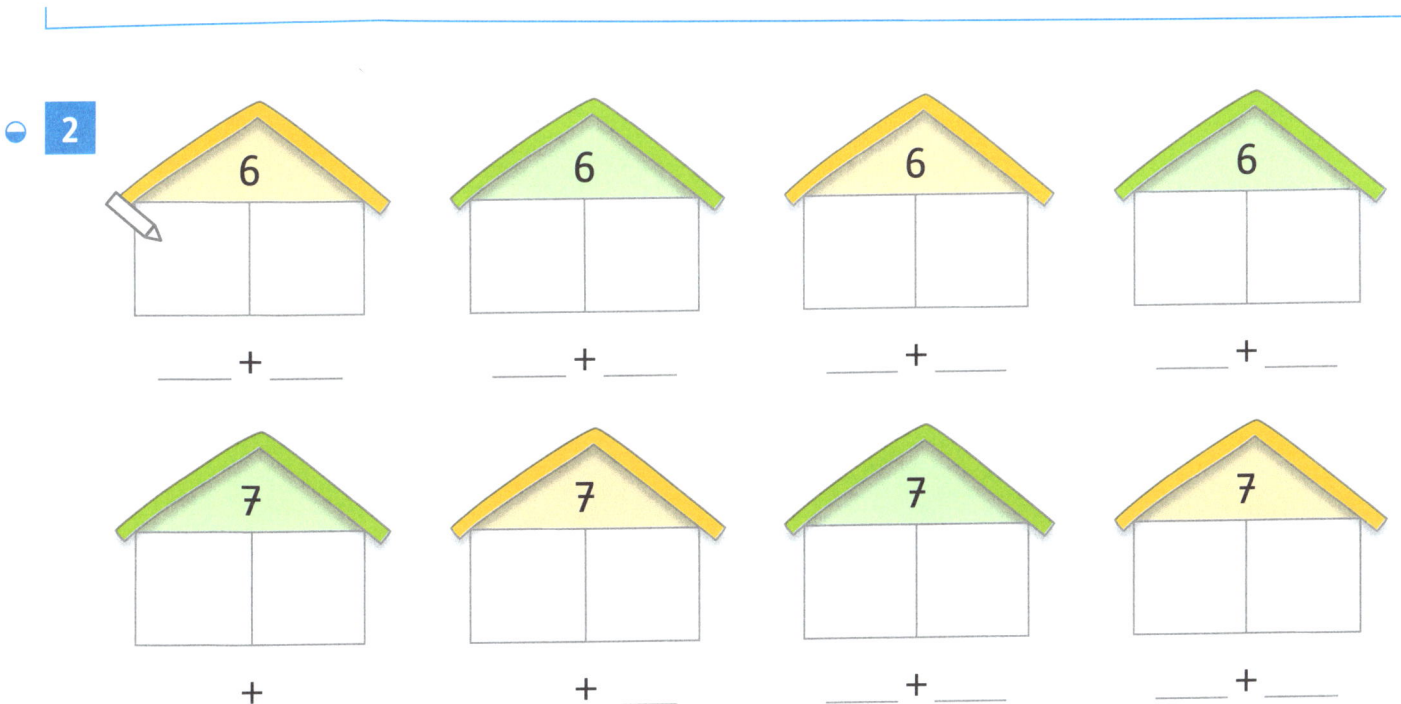

2

6

___ + ___

6

___ + ___

6

___ + ___

6

___ + ___

7

___ + ___

7

___ + ___

7

___ + ___

7

___ + ___

Zahlen bis 7 zerlegen.

Im Zerlegungshaus sind …
Ich zerlege … in … und …

Zahlen zerlegen

Immer 2.

2

🔴🔴	
🔴	🔵
	🔵🔵

2

2	0
1	1
0	2

1

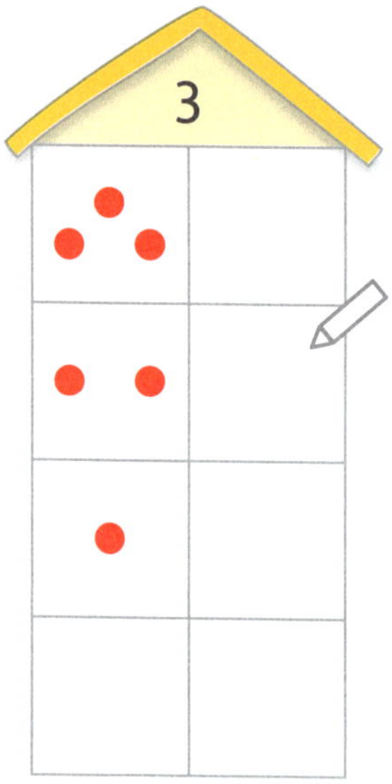

3

🔴🔴	
🔴🔴	
🔴	

3

3	0

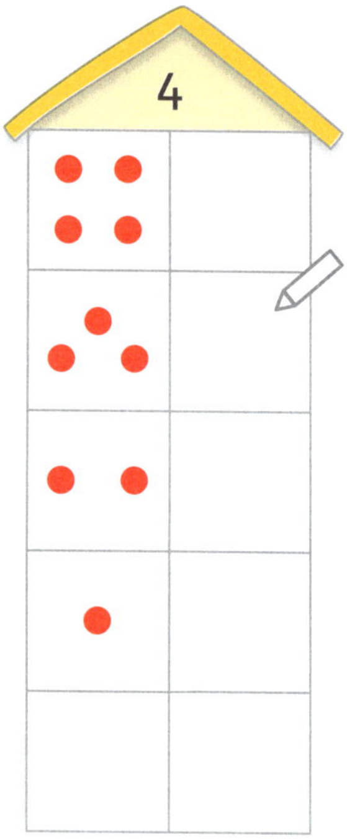

4

🔴🔴	
🔴🔴	
🔴🔴	
🔴	

4

4	0

2

4

4	0

5

6

7

Alle Zahlzerlegungen bis 7 finden und notieren.
Wie findest du alle Zahlzerlegungen?

Ich verschiebe in jeder Zeile ein Plättchen von links nach rechts.

Zahlen zerlegen

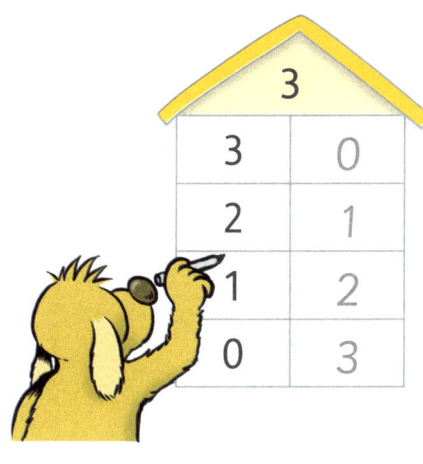

3	
3	0
2	1
1	2
0	3

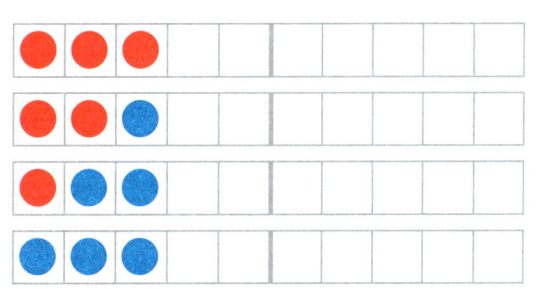

Das sind alle Möglichkeiten.

1

3	
3	0
2	
1	
0	

4	
4	0
3	
2	
1	
0	

2

5	
5	0
4	
3	
2	
1	
0	

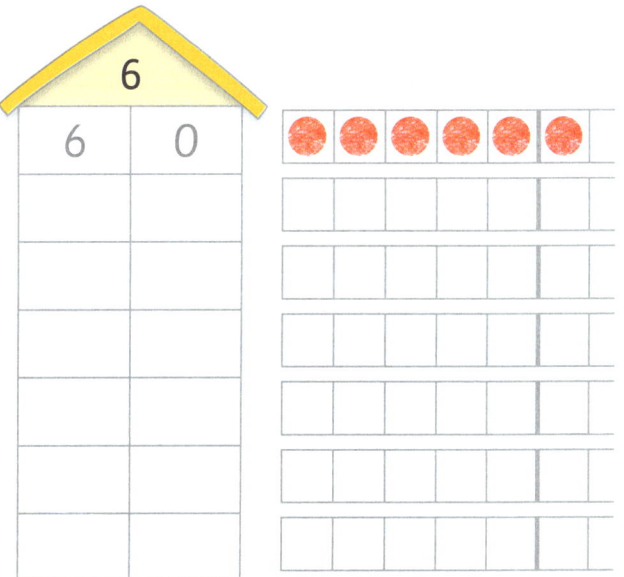

6	
6	0

Zahlen zerlegen

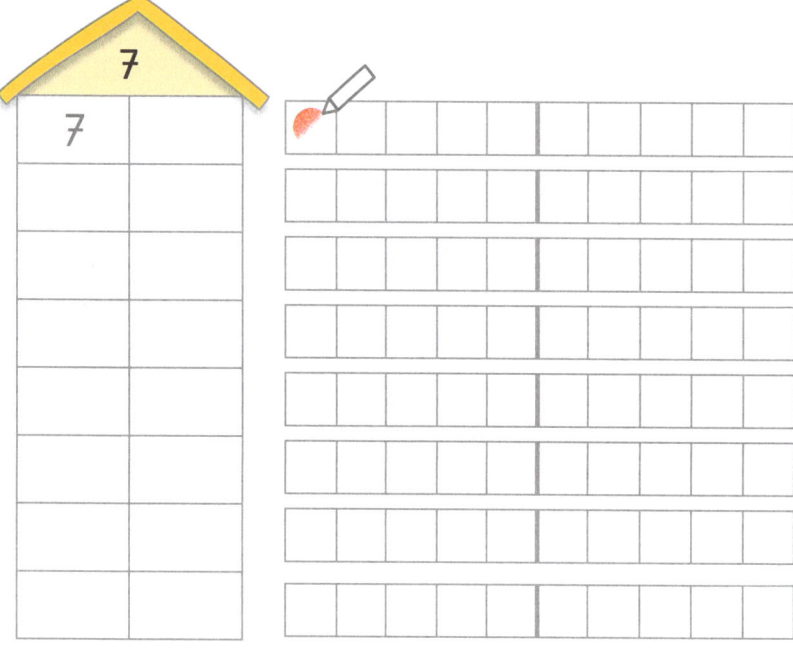

Finde alle Möglichkeiten.

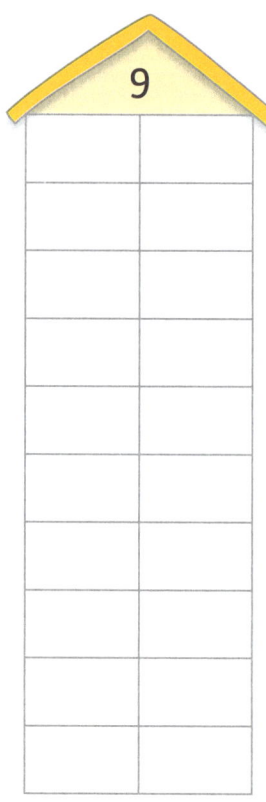

2

7	5 + 2
8	5 + _
9	5 + _
10	5 + _

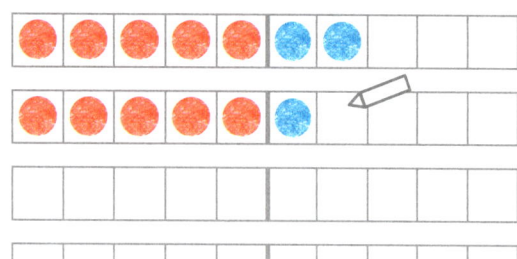

Zahlen bis 10 systematisch zerlegen.
Bedeutung der Kraft der 5 bei der Anzahlbestimmung herausstellen.

Zahlen zerlegen

Immer 10.

1

10	
10	0

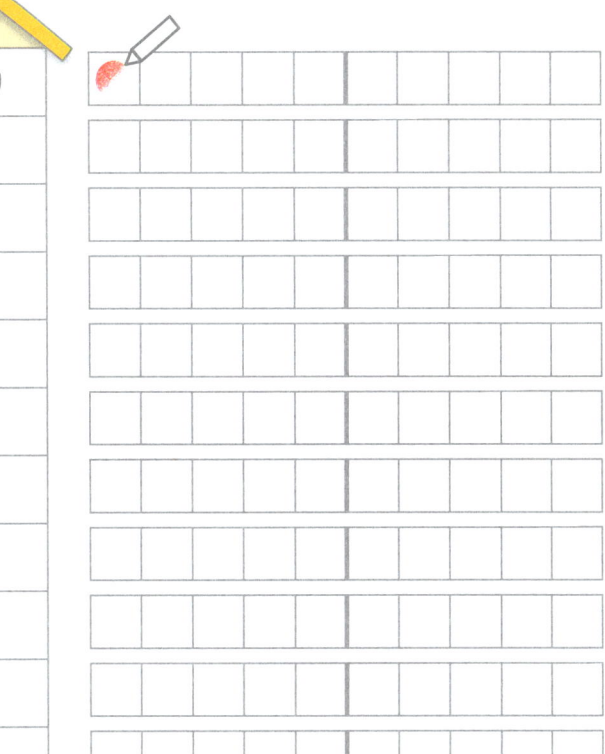

10 + 0

_____

_____

_____

_____

_____

_____

_____

_____

_____

_____

_____

2

Hearts with number fields:

6 | 4   [ ] | [ ]   [ ] | [ ]   [ ] | [ ]   [ ] | [ ]   [ ] | [ ]

7 | [ ]   [ ] | [ ]   [ ] | [ ]   [ ] | [ ]   [ ] | [ ]

Zahlen zerlegen

1

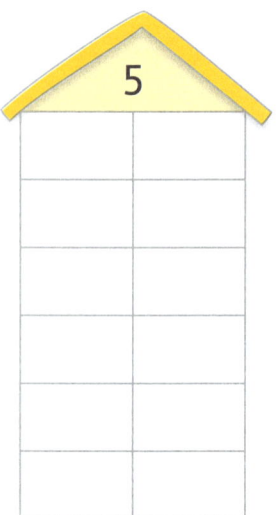

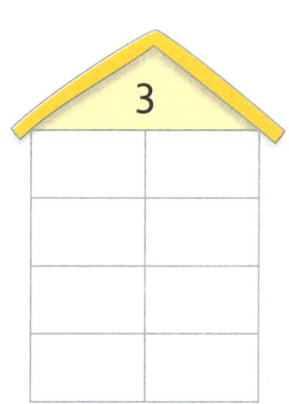

7

7	0
6	
5	
4	
3	
2	
1	
0	

8

	0
	1
	2
	3
	4
	5
	6
	7
	8

9

	0
8	
	2
6	
	4
4	
	6
2	
	8
0	

10

10	
9	
	2
	3
1	9
0	10

5

4

3

2

2

Zur 10 ergänzen:

Eine Zahlenkarte aufdecken.
Der Partner zeigt dazu die Finger
und nennt die Ergänzung bis
zur 10.

Gespielt mit: _____

Zahlen bis 10 zerlegen. Systematik erkennen.
Zehnerergänzung finden.

Zahlen zerlegen

1

$1 \ + \ 3 \ + \ \underline{1}$

$2 \ + \ 2 \ + \ \underline{}$

$3 \ + \ 0 \ + \ \underline{}$

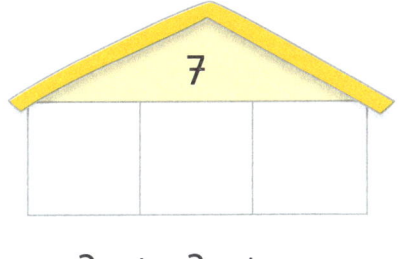

$3 \ + \ 3 \ + \ \underline{}$

$3 \ + \ 1 \ + \ \underline{}$

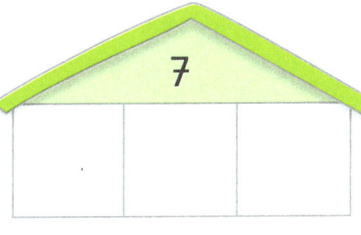

$1 \ + \ 4 \ + \ \underline{}$

2

$\underline{} \ + \ 4 \ + \ 2$

$\underline{} \ + \ 3 \ + \ 1$

$0 \ + \ \underline{} \ + \ 6$

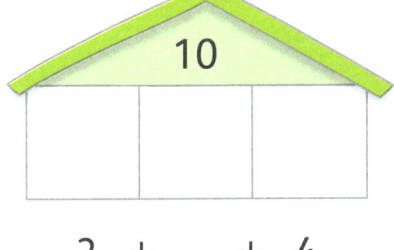

$2 \ + \ \underline{} \ + \ 4$

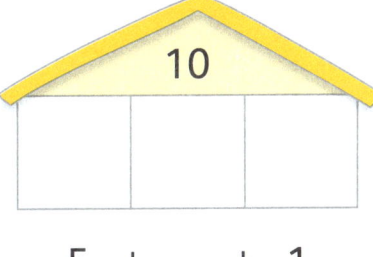

$5 \ + \ \underline{} \ + \ 1$

$\underline{} \ + \ 3 \ + \ 6$

3

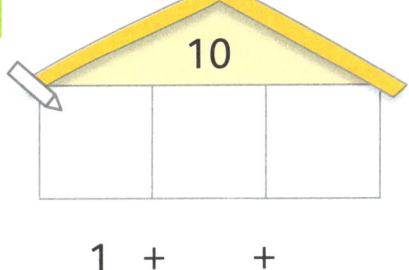

$1 \ + \ \underline{} \ + \ \underline{}$

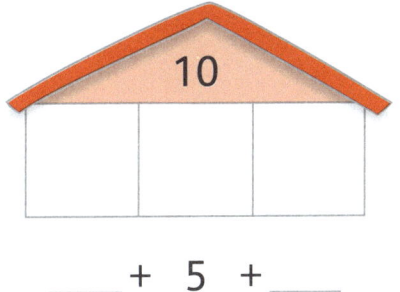

$\underline{} \ + \ 5 \ + \ \underline{}$

$\underline{} \ + \ \underline{} \ + \ 3$

Zahlen bis 10 in 3 Summanden zerlegen.
Eigene Zerlegungen finden.

Zahlenstrahl

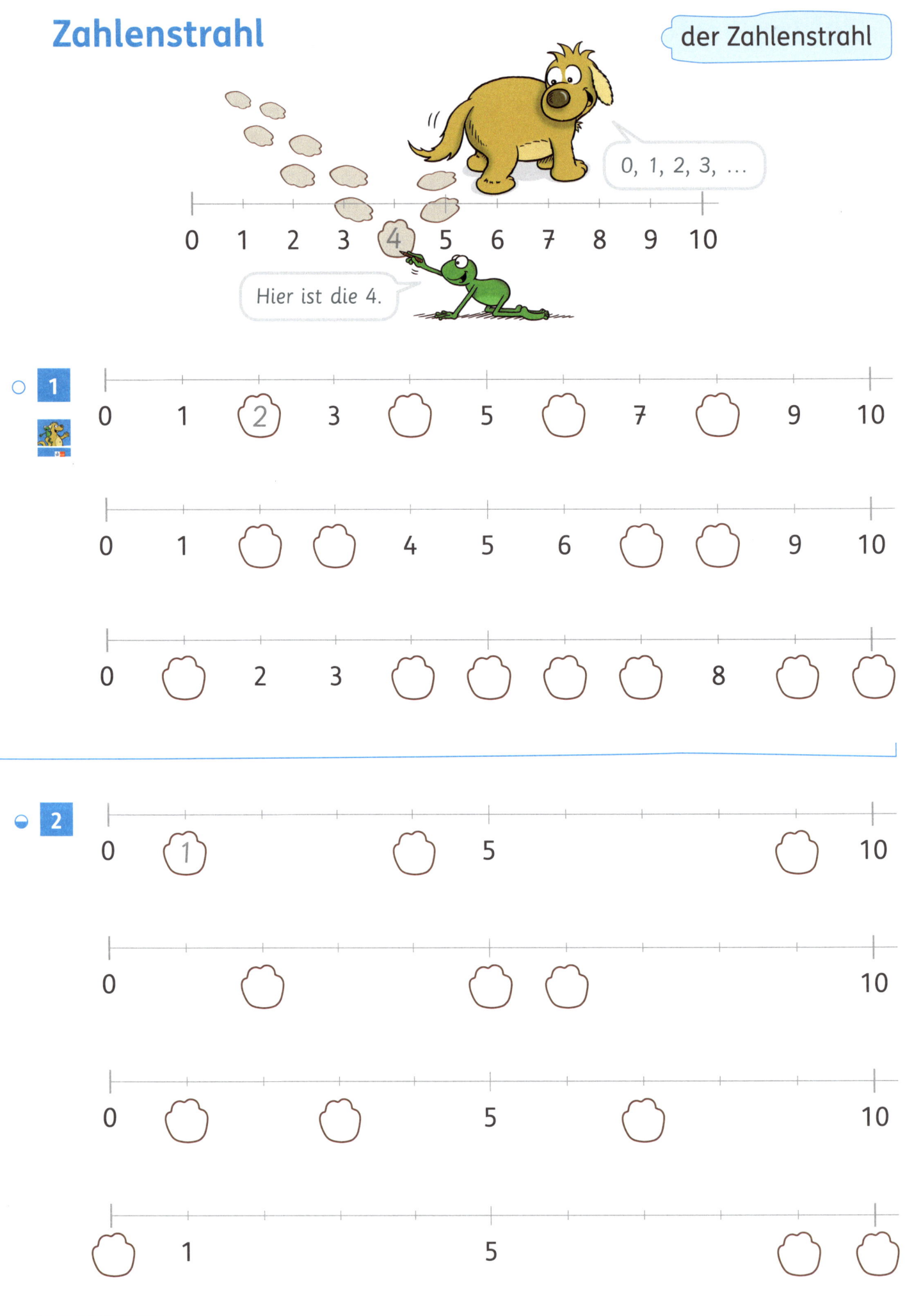

0, 1, 2, 3, …

Hier ist die 4.

1

0 1 2 3 ☐ 5 ☐ 7 ☐ 9 10

0 1 ☐ ☐ 4 5 6 ☐ ☐ 9 10

0 ☐ 2 3 ☐ ☐ ☐ ☐ 8 ☐ ☐

2

0 1 ☐ 5 ☐ 10

0 ☐ ☐ ☐ 10

0 ☐ ☐ 5 ☐ 10

☐ 1 5 ☐ ☐

Zahlenstrahl kennenlernen.
Fehlende Zahlen am Zahlenstrahl ergänzen.

Hier ist die Zahl …
Ich zähle von … weiter.
Ich zähle von … rückwärts.

Zahlenstrahl

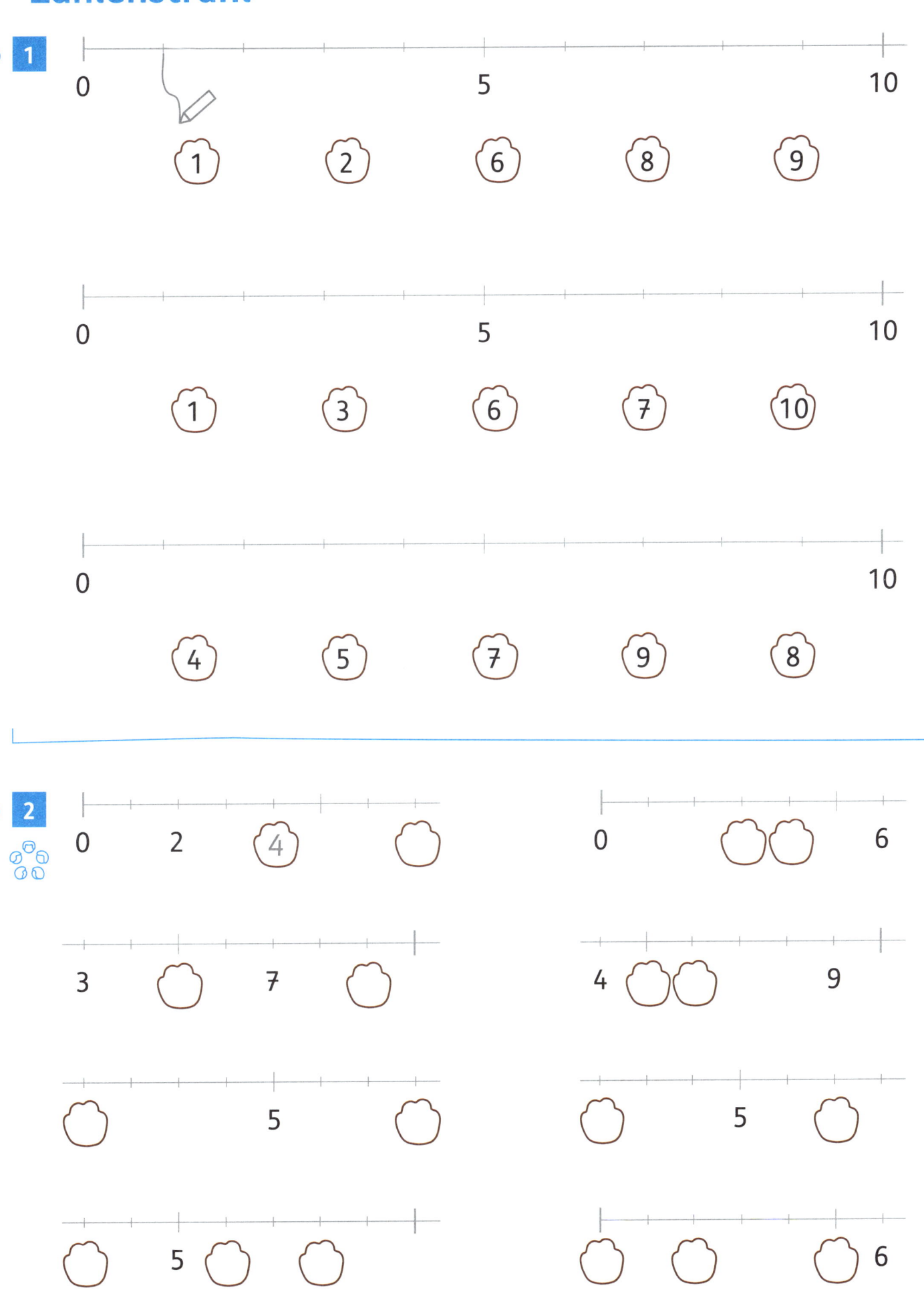

Zahlen mit dem Zahlenstrahl verbinden, fehlende Zahlen ergänzen.
Wie findest du die gesuchte Zahl?

51

Zahlenstrahl
Vorgänger, Nachfolger, Nachbarzahlen

der Vorgänger
der Nachfolger
die Nachbarzahl
davor
danach

Ich stehe da**vor**.
Ich bin der
Vorgänger.

Ihr seid meine
Nachbarn.

Ich komme da**nach**.
Ich bin der
Nachfolger.

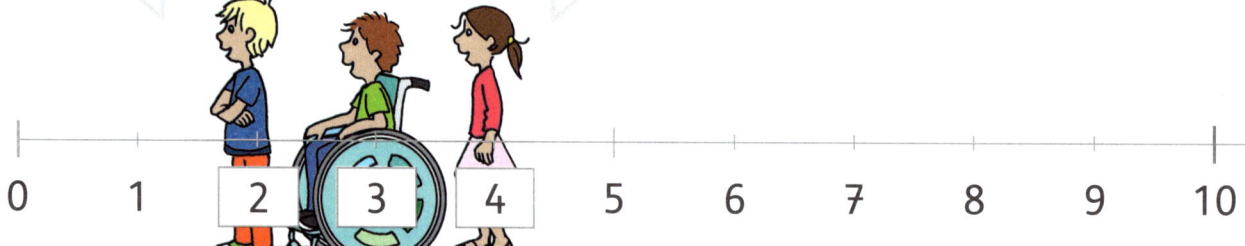

1

Vorgänger	Zahl	Nachfolger
5	6	7

V	Z	N
1	2	3

V	Z	N
	4	

V	Z	N
	1	
	3	

V	Z	N
	5	
	7	

Vorgänger	Zahl	Nachfolger
	2	

V	Z	N
	5	

V	Z	N
	9	

V	Z	N
8		
2		

V	Z	N
		4
		6

2

V	Z	N
1	2	3
0		

V	Z	N
3		
7		

V	Z	N
		8
		6

V	Z	N
		7
		5

3

V	Z	N
	1	
	9	
2		

V	Z	N
5		
		2
8		

V	Z	N
		10
	8	
6		

V	Z	N
4		
	4	
		4

Nachbarzahlen kennenlernen.
Vorgänger und Nachfolger bestimmen.

Die Nachbarzahlen von … heißen …
Der Vorgänger von … heißt …
Der Nachfolger von … heißt …

Zahlenstrahl

1

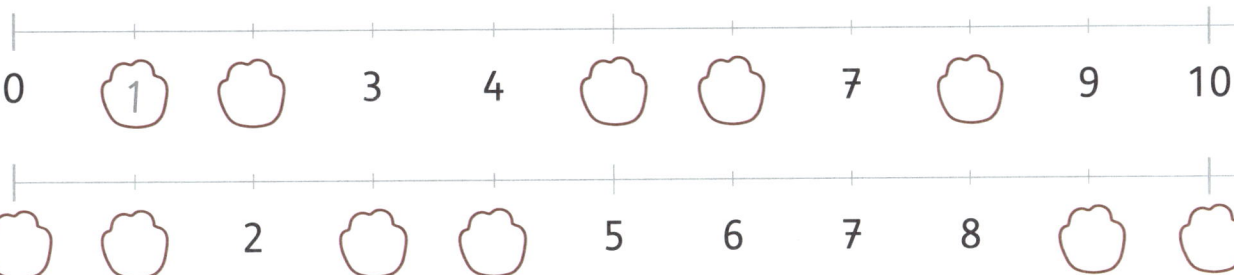

0 (1) ◌ 3 4 ◌ ◌ 7 ◌ 9 10

◌ ◌ 2 ◌ ◌ 5 6 7 8 ◌ ◌

2

0 (1) 2 ◌ 4 ◌ 6 ◌

0 1 ◌ 3 4 ◌ ◌

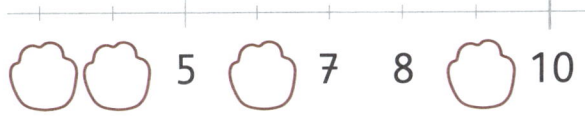

◌ ◌ 5 ◌ 7 8 ◌ 10

◌ 3 ◌ 5 6 7 ◌

3 ◌ 5 6 ◌ ◌ ◌ ◌

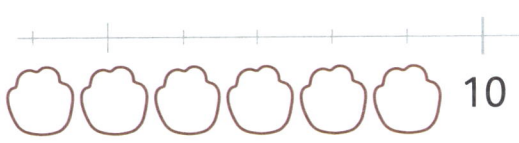

◌ ◌ ◌ ◌ ◌ 10

3

V	Z	N
2	3	
	7	

V	Z	N
	9	
	2	

V	Z	N
3		
7		

V	Z	N
		2
		10

4

Der Vorgänger ist 4.

Der Nachfolger ist 6.

Nachbarzahlen nennen:

Eine Zahlenkarte aufdecken.

Den Vorgänger nennen.

Der Partner nennt den Nachfolger.

Gespielt mit: _____

Zahlen am Zahlenstrahl eintragen.
Nachbarzahlen bestimmen.

Plusaufgaben

4 + 3 = 7

4 plus 3 gleich 7.

die Plusaufgabe
plus   +
gleich   =
dazulegen

1

__6__ + ___ = ___

__3__ + ___ = ___

2 Finde Aufgaben im Bild.

___ + ___ = ___   ___ + ___ = ___   ___ + ___ = ___

Einführung der Addition. Zum Bild erzählen.
Additionsaufgaben finden, notieren und lösen.

Ich sehe ... Vögel. ... Vögel kommen dazu.
Zusammen sind es ... Vögel.
... plus ... gleich ...

Plusaufgaben

_3_ + _2_ = ____

____ + ____ = ____

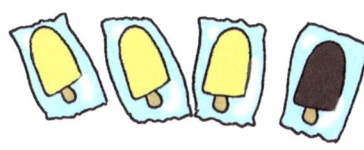

____ + ____ = ____

____ + ____ = ____

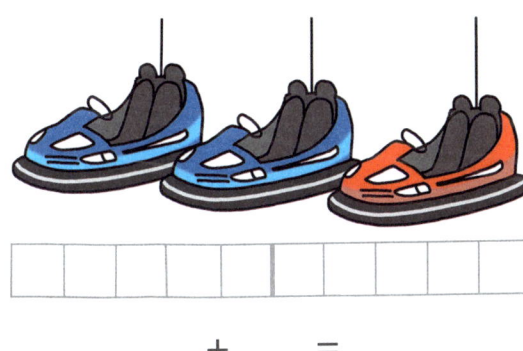

____ + ____ = ____

____ + ____ = ____

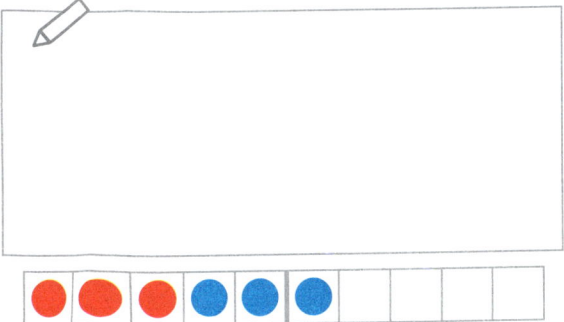

_3_ + ____ = ____

2 + 3 = ____

Additionsaufgaben ohne Handlung im Bild erkennen, beschreiben, Plättchen zeichnen und Aufgabe notieren.
Additionsaufgaben malen und lösen.

Das sind … weiße Pferde und … braune Pferde.
Zusammen sind es … Pferde.

Plusaufgaben

 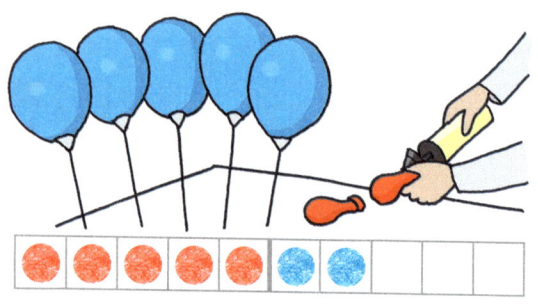

$$\underline{5} + \underline{2} = \underline{}$$

$$\underline{} + \underline{} = \underline{}$$

$$\underline{} + \underline{} = \underline{}$$

$$\underline{} + \underline{} = \underline{}$$

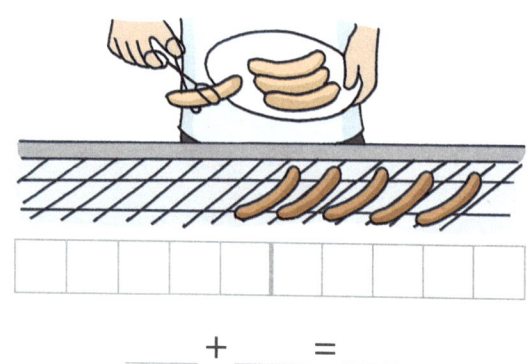

$$\underline{} + \underline{} = \underline{}$$

$$\underline{} + \underline{} = \underline{}$$

 2

$$2 + 5 = \underline{}$$

$$2 + 4 = \underline{}$$

$$5 + 1 = \underline{}$$

$$6 + 1 = \underline{}$$

Additionsaufgaben mit Handlung im Bild erkennen, beschreiben, Plättchen zeichnen und Aufgabe notieren.
Bild und entsprechende Aufgabe verbinden, Aufgabe lösen.

Das sind … Luftballons.
… Luftballons kommen dazu.
Das sind zusammen … Luftballons.

Plusaufgaben

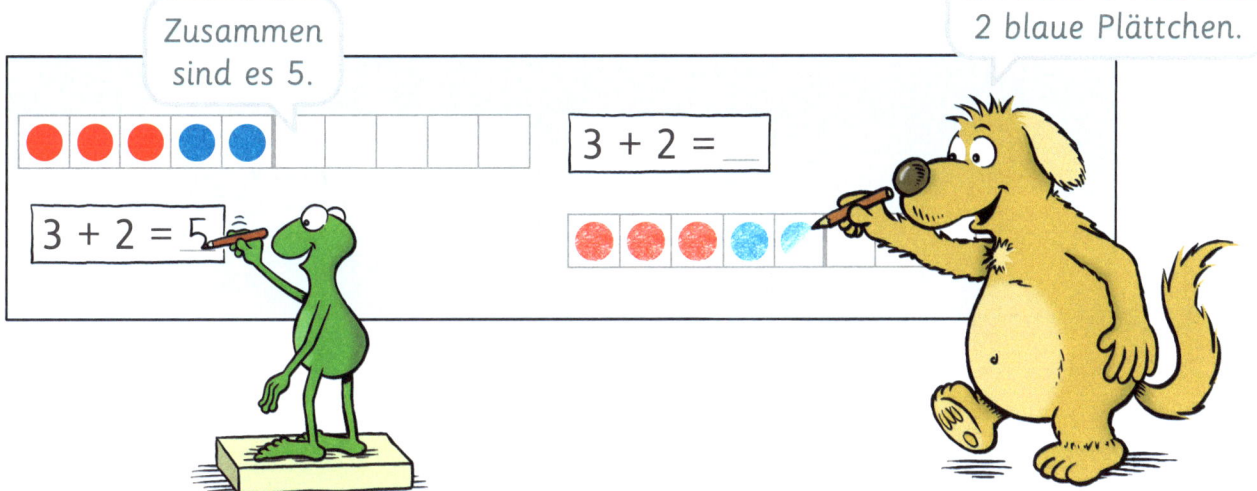

 **1**

     _5_ + _5_ = ___

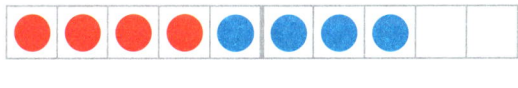

___ + ___ = ___

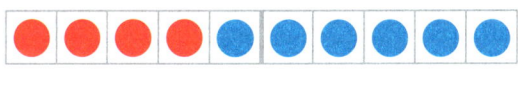

___ + ___ = ___

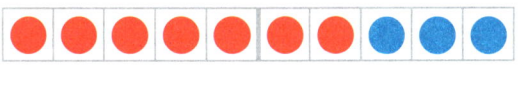

___ + ___ = ___

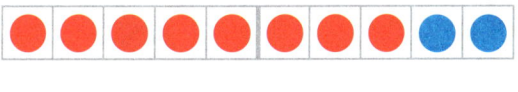

___ + ___ = ___

5 + 3 = ___

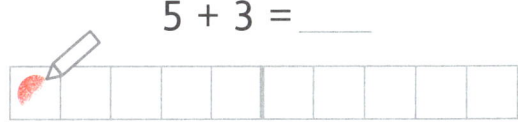

6 + 4 = ___

2 + 7 = ___

6 + 1 = ___

2 + 6 = ___

1 + 8 = ___

2 + 5 = ___

Zur Plättchendarstellung die Aufgabe schreiben, zur Aufgabe die Plättchen im Zehnerfeld malen. Aufgaben lösen.

 ... Plättchen plus ... Plättchen sind zusammen ...

57

Plusaufgaben
Tauschaufgaben

1 + 6   6 + 1

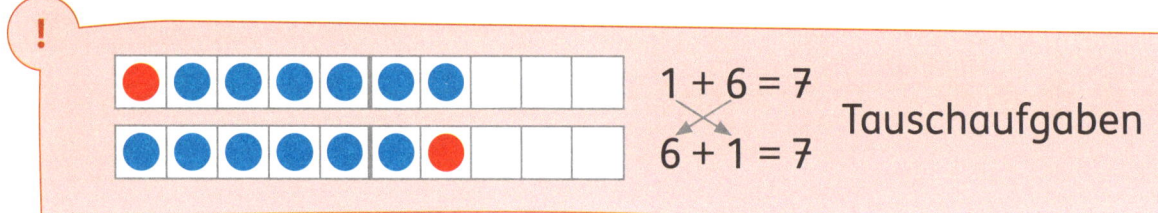

$1 + 6 = 7$
$6 + 1 = 7$ Tauschaufgaben

1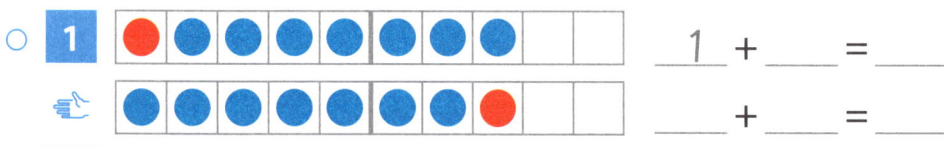

$\underline{\ \ 1\ \ } + \underline{\quad} = \underline{\quad}$

$\underline{\quad} + \underline{\quad} = \underline{\quad}$

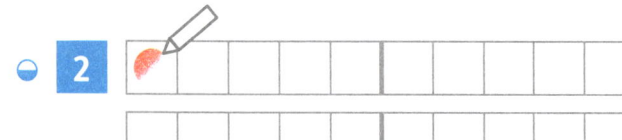

$\underline{\quad} + \underline{\quad} = \underline{\quad}$

$\underline{\quad} + \underline{\quad} = \underline{\quad}$

2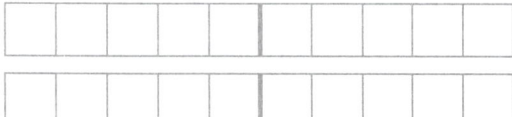

$4 + 5 = \underline{\quad}$

$5 + 4 = \underline{\quad}$

Ich tausche.

$3 + 7 = \underline{\quad}$

$7 + 3 = \underline{\quad}$

$1 + 9 = \underline{\quad}$

$9 + 1 = \underline{\quad}$

Tauschaufgaben im Zehnerfeld darstellen, lösen und erkennen, dass das Ergebnis gleich ist.

Bei Plusaufgaben kann ich die Zahlen tauschen.
Das Ergebnis bleibt gleich.

Plusaufgaben

1

Was fällt dir auf?

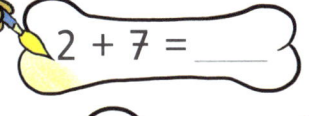

2 + 7 = _____   5 + 2 = _____

1 + 5 = _____   7 + 2 = _____

2 + 6 = _____   2 + 5 = _____   5 + 1 = _____   6 + 2 = _____

6   7   8   9

2

 3 + 5 = _8_
               5 + 3 = __

 5 + 2 = __
               2 + 5 = __

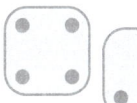 4 + 2 = __
               __ + __ = __

  5 + 3 = __
               __ + __ = __

 __ + __ = ___
               __ + __ = __

  __ + __ = __
               __ + __ = __

---

3 1 + 7 = _____   2 + 8 = _____   2 + 6 = _____   1 + 8 = _____

7 + 1 = _____   __ + __ = _____   __ + __ = _____   __ + __ = _____

8 + 0 = _____   4 + 6 = _____   3 + 7 = _____   1 + 9 = _____

__ + __ = _____   __ + __ = _____   __ + __ = _____   __ + __ = _____

6 + 1 = _____   3 + 4 = _____   0 + 9 = _____   4 + 5 = _____

__ + __ = _____   __ + __ = _____   __ + __ = _____   __ + __ = _____

Knochen in der Farbe der Lösungszahl (Napf) anmalen.
Tauschaufgaben entdecken, bilden und lösen.
❄ Was fällt dir bei den Plusaufgaben auf?

 Das sind Tauschaufgaben.
Tauschaufgaben haben
gleiche Ergebnisse.

Plusaufgaben

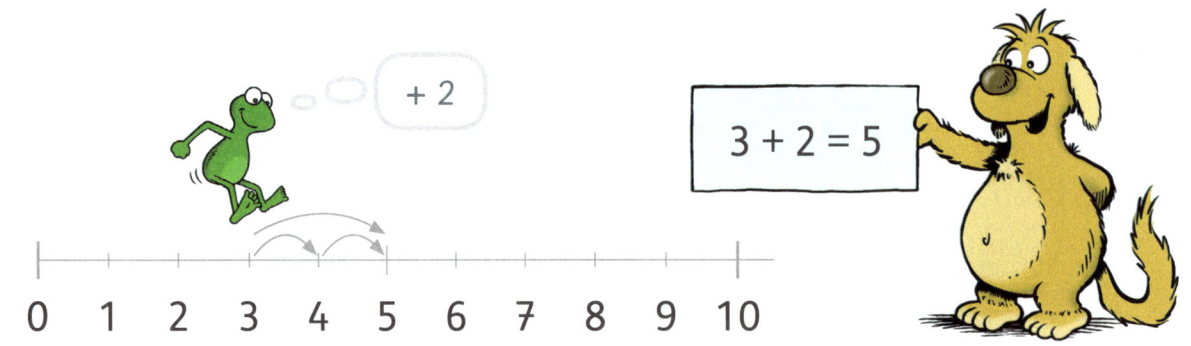

1 $\underline{\ 3\ } + \underline{\ 2\ } = \underline{\hspace{1.5cm}}$

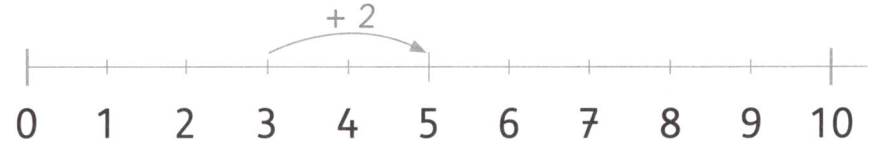

$\underline{\ 5\ } + \underline{\hspace{1cm}} = \underline{\hspace{1cm}}$

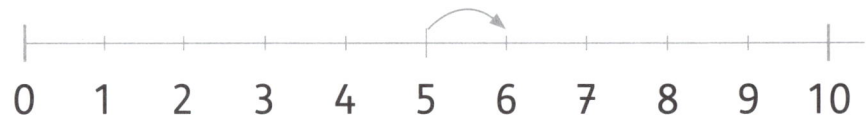

$\underline{\hspace{1cm}} + \underline{\hspace{1cm}} = \underline{\hspace{1cm}}$

$\underline{\hspace{1cm}} + \underline{\hspace{1cm}} = \underline{\hspace{1cm}}$

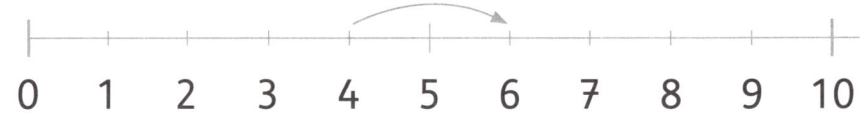

$\underline{\hspace{1cm}} + \underline{\hspace{1cm}} = \underline{\hspace{1cm}}$

2

$\underline{\hspace{1.2cm}} + \underline{\hspace{1.2cm}} = \underline{\hspace{1.2cm}}$

60 Additionsaufgaben am Zahlenstrahl ablesen und lösen.
Additionsaufgabe erfinden und mit Pfeil am Zahlenstrahl darstellen.

Ich starte bei …
Ich springe … weiter.
Ich lande auf …

Plusaufgaben

1   4 + 1 = ____

0   1   2   3   4   5   6   7   8   9   10

7 + 2 = ____

0   1   2   3   4   5   6   7   8   9   10

5 + 1 = ____

0   1   2   3   4   5   6   7   8   9   10

6 + 3 = ____

0   1   2   3   4   5   6   7   8   9   10

2   ____ + ____ = ____

0   1   2   3   4   5   6   7   8   9   10

3

1 + 5 = _6_	8 + 1 = ____	6 + 4 = ____
4 + 1 = ____	0 + 6 = ____	2 + 5 = ____
1 + 1 = ____	2 + 2 = ____	6 + 2 = ____
1 + 2 = ____	4 + 6 = ____	2 + 6 = ____
2 + 3 = ____	10 + 0 = ____	3 + 5 = ____

1 + 5 = _6_
4 + 1 = _5_

🔑 1   5̶   6̶

Eine Zahl bleibt übrig.

🔑 1   2   3   4   5   5   6̶   6   7   8   8   8   9   10   10   10

6

Additionsaufgaben mit Hilfe des Zahlenstrahls lösen.
Lösungszahlen kennenlernen und zur Kontrolle nutzen.

Ich habe alle Lösungszahlen gefunden.

Plusaufgaben

1

$\underline{\quad 1 \quad} + \underline{\qquad} = \underline{\qquad}$

5 + 3 = _____

$\underline{\qquad} + \underline{\qquad} = \underline{\qquad}$

3 + 4 = _____

2 Bilde Tauschaufgaben.

1 + 7 = _____   1 + 4 = _____   1 + 8 = _____   4 + 3 = _____

7 + 1 = _____   4 + _ = _____   _ + _ = _____   _ + _ = _____

3

4 + 2 = _6_   5 + 5 = _____   1 + 5 = _____   6 + 2 = _____

3 + 0 = _____   2 + 1 = _____   2 + 8 = _____   1 + 3 = _____

6 + 3 = _____   4 + 4 = _____   3 + 3 = _____   2 + 2 = _____

5 + 2 = _____   2 + 4 = _____   0 + 9 = _____   3 + 1 = _____

4 + 5 = _____   6 + 1 = _____   7 + 2 = _____   2 + 5 = _____

🔑 3 3 4 4 4 5 6 6 6 6 7 7 7 8 8 9 9 9 9 10 10

4

4 + 1 = 5   1 + 4 = 5

Tauschaufgaben bilden:

Von jedem Stapel eine Zahlenkarte von 0 bis 5 aufdecken. Die Aufgabe nennen.

Der Partner nennt die Tauschaufgabe.

Gespielt mit: _____

Additionsaufgaben, besonders Tauschaufgaben, üben.
Lösungszahlen nutzen.

Plusaufgaben üben

Ergänzen

Zuerst sind es 4 Kinder.

Wie viele Kinder sind eingestiegen?

1

$4 + \underline{\ 3\ } = 7$

$4 + \underline{\quad} = 8$

$2 + \underline{\quad} = 9$

$2 + \underline{\quad} = 5$

$3 + \underline{\quad} = 9$

$1 + \underline{\quad} = 5$

2

$4 + \underline{\ } = 6$	$5 + \underline{\ } = 8$	$0 + \underline{\ } = 7$	$3 + \underline{\ } = 8$
$2 + \underline{\ } = 7$	$0 + \underline{\ } = 4$	$5 + \underline{\ } = 10$	$1 + \underline{\ } = 2$
$5 + \underline{\ } = 9$	$4 + \underline{\ } = 9$	$1 + \underline{\ } = 10$	$3 + \underline{\ } = 10$
$2 + \underline{\ } = 4$	$3 + \underline{\ } = 3$	$2 + \underline{\ } = 6$	$2 + \underline{\ } = 10$

0　0　1　2　2　3　4　4　4　5　5　5　5　6　7　7　8　9

Den 2. Summanden durch Hinzufügen, also durch Ergänzen, ermitteln.

... Kinder kommen dazu.
Ich ergänze ...

Plusaufgaben üben

die Tabelle
die Zeile
die Spalte

1 + 2 = 3

+	3	2
1	1 + 3 = 4	1 + 2 = 3

1

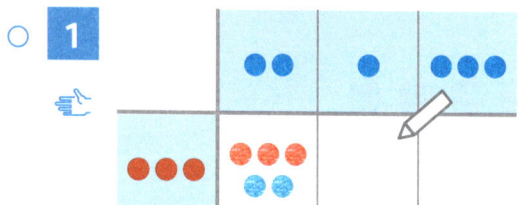

+	2	1	3
3	3 + 2 =		

+	3	2	1
4			

2

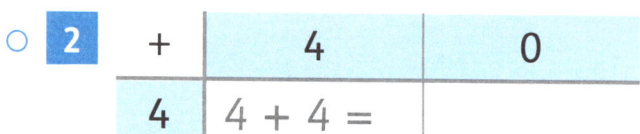

+	4	0
4	4 + 4 =	

+	2	4
6		

+	6	5
3		

+	0	3
7		

+	1	6
2		

+	3	5
5		

Die Tabelle für Additionsaufgaben einführen und ausfüllen.
Die Leserichtung von links nach rechts beachten.

Das ist eine Tabelle.
Das ist eine Zeile.
Das ist eine Spalte.

Plusaufgaben üben

2 + 1 = 3
2 + 2 = 4
2 + 3 = 5
2 + 4 = 6
___ + ___ = ___

1

3 + 1 = ___
4 + 1 = ___
5 + 1 = ___
6 + 1 = ___
___ + ___ = ___

6 + 4 = ___
6 + 3 = ___
6 + 2 = ___
6 + 1 = ___
___ + ___ = ___

Was fällt dir auf?

2 Froschaufgaben mit Pfiff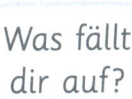

5 + 0 = __
5 + 1 = __
5 + 2 = __
5 + __ = __
__ + __ = __

2 + 2 = __
2 + 3 = __
2 + 4 = __
2 + __ = __
__ + __ = __

2 + 3 = __
3 + 3 = __
4 + 3 = __
5 + __ = __
__ + __ = __

2 + 4 = ___
3 + 4 = ___
4 + 4 = ___
5 + __ = ___
__ + __ = ___

Päckchenaufgaben lösen, Veränderungen im Päckchen erkennen, beschreiben und Muster fortsetzen.
 Wie kannst du das Muster fortsetzen?

Die 1. Zahl bleibt gleich.
Die 2. Zahl wird um eins größer.
Das Ergebnis wird auch um eins ...

65

Plusaufgaben üben

1

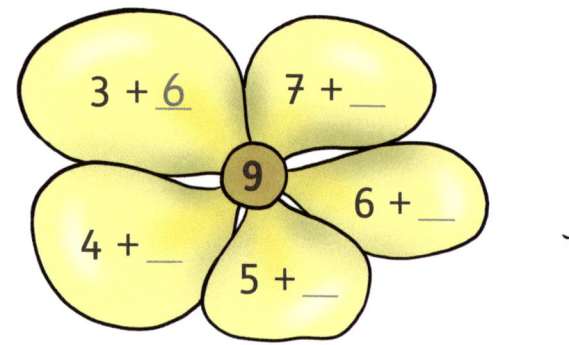

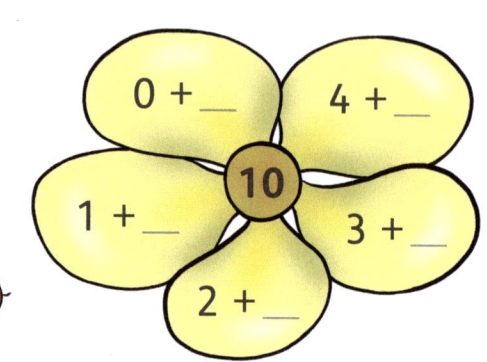

2

+	3	4
5	5 + 3 =	

+	0	2
7		

3 Froschaufgaben mit Pfiff

4 + 2 = 6	9 + 1 = ___	2 + 8 = ___
4 + 3 = ___	8 + 1 = ___	3 + 7 = ___
4 + 4 = ___	7 + 1 = ___	4 + 6 = ___
4 + ___ = ___	6 + ___ = ___	5 + ___ = ___
___ + ___ = ___	___ + ___ = ___	___ + ___ = ___

4

$5 + 3 = 8$ $5 + 4 = 9$

Plusaufgaben verändern:

Eine Plusaufgabe mit Plättchen im Zehnerfeld legen. Aufgabe nennen. Der Partner bewegt ein Plättchen und nennt die neue Aufgabe.

Gespielt mit: _____

Plusaufgaben üben

1 Froschaufgaben mit Pfiff

2 + 0 = ___	1 + 1 = ___	1 + 1 = ___
2 + 2 = ___	3 + 1 = ___	2 + 2 = ___
2 + 4 = ___	5 + 1 = ___	3 + 3 = ___
2 + 6 = ___	7 + 1 = ___	4 + 4 = ___
___ + ___ = ___	___ + ___ = ___	___ + ___ = ___

9 + 1 = ___	1 + 5 = ___	8 + 2 = ___
8 + 2 = ___	2 + 4 = ___	6 + 3 = ___
7 + 3 = ___	3 + 3 = ___	4 + 4 = ___
___ + 4 = 10	___ + 2 = 6	___ + 5 = 7
___ + ___ = ___	___ + ___ = ___	___ + ___ = ___

2  4 + ___ = 6    ___ + 2 = 7

+		3
4	6	

+	2	4
	7	

+		9
1	6	

+	6	4
	8	

+	7	
2		8

+		5
	10	7

+	3	
4		4

+	0	
	6	9

Rechenpäckchen lösen, Muster erkennen und fortsetzen.
Fehlende Zahlen in den Tabellen ergänzen.

Minusaufgaben

die Minusaufgabe

minus —

gleich =

wegnehmen

7 – 2 = 5

7 minus 2 gleich 5.

1

9 – ___ = ___

10 – ___ = ___

2 Finde Aufgaben im Bild.

___ – ___ = ___   ___ – ___ = ___   ___ – ___ = ___

Einführung der Subtraktion. Zum Bild erzählen.
Subtraktionsaufgaben finden, notieren und lösen.
Woran erkennst du Minusaufgaben im Bild?

Ich sehe ... Luftballons.
... fliegt weg. Es bleiben ... übrig.
... minus ... gleich ...

Minusaufgaben

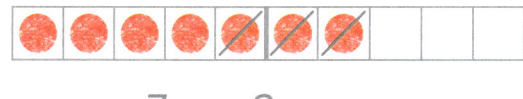

7 – 3 = ____

____ – ____ = ____

____ – ____ = ____

____ – ____ = ____

____ – ____ = ____

____ – ____ = ____

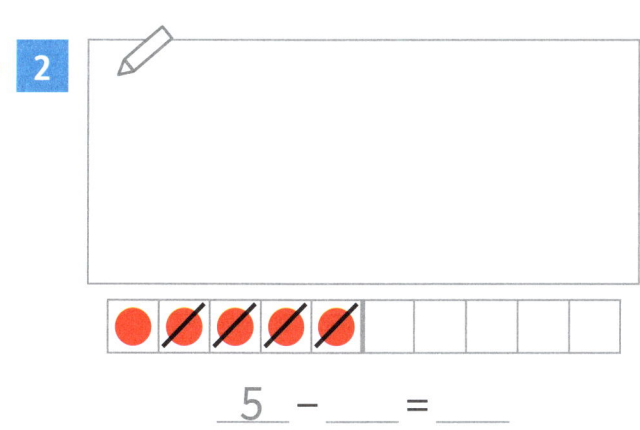

5 – ____ = ____

8 – 3 = ____

Minusaufgaben ohne Handlung im Bild erkennen, beschreiben,
Plättchen zeichnen und Aufgabe notieren.
Zum vorgegebenen Term eine Minusaufgabe malen und lösen.

Das sind … Luftballons.
… Luftballons sind zerplatzt.
Es bleiben … Luftballons übrig.

Minusaufgaben

1

  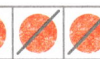 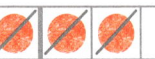

7 – 4 = ____

____ – ____ =

____ – ____ = ____

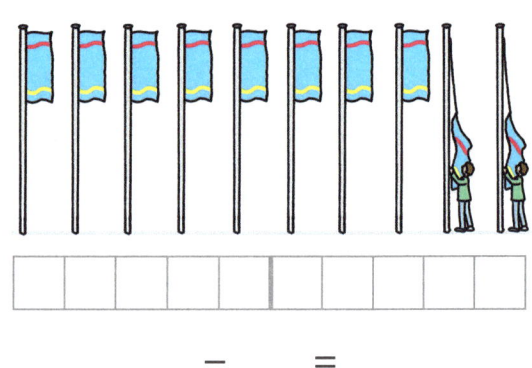

____ – ____ = ____

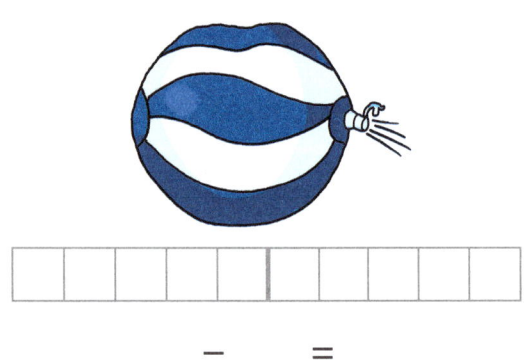

____ – ____ = ____

____ – ____ = ____

2

3 – 2 = ____

5 – 4 = ____

7 – 7 = ____

8 – 6 = ____

Subtraktionsaufgaben mit Handlung im Bild erkennen, beschreiben,
Plättchen zeichnen und Aufgabe notieren.
Bild und entsprechende Aufgabe verbinden, Aufgabe lösen.

Von … Kindern gehen … weg.
Es bleiben … Kinder übrig.

Minusaufgaben

Es bleiben 2.

Ich streiche 3 weg.

1

$6 - 1 = \underline{}$

$\underline{} - \underline{} = \underline{}$

$\underline{} - \underline{} = \underline{}$

$\underline{} - \underline{} = \underline{}$

$\underline{} - \underline{} = \underline{}$

$\underline{} - \underline{} = \underline{}$

$\underline{} - \underline{} = \underline{}$

$6 - 5 = \underline{}$

$7 - 6 = \underline{}$

$3 - 3 = \underline{}$

$8 - 1 = \underline{}$

$6 - 4 = \underline{}$

$10 - 8 = \underline{}$

$9 - 2 = \underline{}$

Zur Plättchendarstellung die Aufgabe schreiben, zur Aufgabe die Plättchen im Zehnerfeld malen. Aufgaben lösen.

... Plättchen minus ... Plättchen gleich ... Plättchen.

Minusaufgaben

$6 - 2 = 4$

1 $5 - 2 =$ ___

 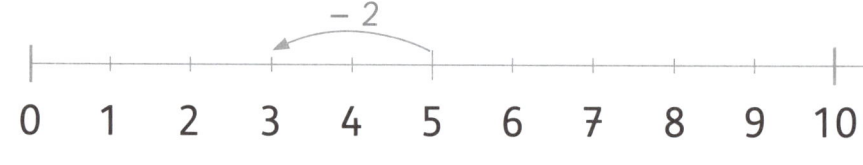

$7 -$ ___ $=$ ___

___ $-$ ___ $=$ ___

___ $-$ ___ $=$ ___

___ $-$ ___ $=$ ___

2   ___ $-$ ___ $=$ ___

Subtraktionsaufgaben am Zahlenstrahl ablesen und lösen.
Subtraktionsaufgabe erfinden und mit Pfeil am Zahlenstrahl darstellen.

Ich starte bei ...
Ich springe ... zurück.
Ich lande auf ...

Minusaufgaben

1   5 − 1 = _____

```
 |   |   |   |   |   |   |   |   |   |   |
 0   1   2   3   4   5   6   7   8   9   10
```

6 − 2 = _____

```
 |   |   |   |   |   |   |   |   |   |   |
 0   1   2   3   4   5   6   7   8   9   10
```

7 − 2 = _____

```
 |   |   |   |   |   |   |   |   |   |   |
 0   1   2   3   4   5   6   7   8   9   10
```

8 − 2 = _____

```
 |   |   |   |   |   |   |   |   |   |   |
 0   1   2   3   4   5   6   7   8   9   10
```

2   _____ − _____ = _____

```
 |   |   |   |   |   |   |   |   |   |   |
 0   1   2   3   4   5   6   7   8   9   10
```

3

4 − 3 = _____	9 − 1 = _____	8 − 7 = _____
7 − 1 = _____	8 − 4 = _____	10 − 1 = _____
6 − 4 = _____	2 − 1 = _____	4 − 4 = _____
7 − 5 = _____	5 − 4 = _____	8 − 2 = _____
10 − 2 = _____	6 − 0 = _____	10 − 8 = _____

🔑 0 1 1 1 1 2 2 2 3 4 6 6 6 8 8 9

🚩 7

Subtraktionsaufgaben mit Hilfe des Zahlenstrahls lösen.
Lösungszahlen zur Kontrolle nutzen.

73

Minusaufgaben

1

$\underline{7}$ – _____ = _____

4 – 2 = _____

_____ – _____ = _____

8 – 6 = _____

2

6 – 4 = _2_   3 – 3 = _____   8 – 7 = _____   10 – 4 = _____

8 – 3 = _____   8 – 4 = _____   7 – 6 = _____   5 – 1 = _____

2 – 1 = _____   9 – 4 = _____   10 – 9 = _____   8 – 8 = _____

0   0   0   1   1   1   1   ~~2~~   3   4   4   5   5   6

3

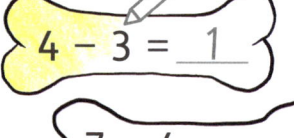 4 – 3 = _1_

5 – 4 = _____

6 – 3 = _____

7 – 4 = _____

9 – 6 = _____

7 – 5 = _____

6 – 5 = _____

2 – 0 = _____

9 – 7 = _____

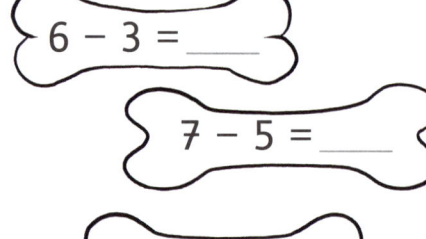

3

1

2

4

7 – 2

5

Minusaufgaben bilden:

Zahlenkarten von 0 bis 5 und von 6 bis 10 hinlegen. 2 Karten aufdecken. Minusaufgabe bilden. Der Partner nennt das Ergebnis.

Gespielt mit: _____

Subtraktionsaufgaben an unterschiedlichen Aufgabenformaten üben.
Lösungszahlen nutzen.

Minusaufgaben üben

Gleichungen

1

$10 - \underline{8} = 2$

$10 - \underline{} = 7$

$7 - \underline{} = 3$

$9 - \underline{} = 9$

$9 - \underline{} = 6$

$6 - \underline{} = 5$

2

$5 - \underline{} = 2$	$10 - \underline{} = 4$	$8 - \underline{} = 3$
$6 - \underline{} = 1$	$9 - \underline{} = 7$	$5 - \underline{} = 0$
$9 - \underline{} = 5$	$5 - \underline{} = 1$	$10 - \underline{} = 3$
$10 - \underline{} = 9$	$2 - \underline{} = 0$	$2 - \underline{} = 2$

 0   1   2   2   3   4   4   5   5   5   6   7   8

Gleichungen ergänzen. Subtrahenden finden.

Ich ziehe von 5
3 ab und erhalte dann 2.

75

Minusaufgaben üben

"Ich beginne immer links."

6 – 2 = 4

–	1	2
6	6 – 1 = 5	6 – 2 = 4

1

–	1	2
4	4 – 1 =	

–	3	4
5		

–	4	2
8		

–	5	3
10		

2

"Ich trage nur noch das Ergebnis ein."

–	2	1	3
3	1		

–	3	5	1
5			

–	0	6	7
7			

 0   0   0   0   1̸   1   2   2   4   5   7

3

–		3	5
6	4		
8			

–	3	0	
4			
5			1

–	2		1
7		3	
9			

–	8	7	
9			
10			4

 0   0   1   1   1   2   2   2   2   3   3   3   3   4   4   4   5   5   5   5   6   6   6   7   8   9

Die Tabelle für Subtraktionsaufgaben einführen und ausfüllen.
Die Leserichtung von links nach rechts beachten.

Minusaufgaben üben

1

7 – 1 = _6_

6 – 1 = ___

5 – 1 = ___

4 – 1 = ___

___ – ___ = ___

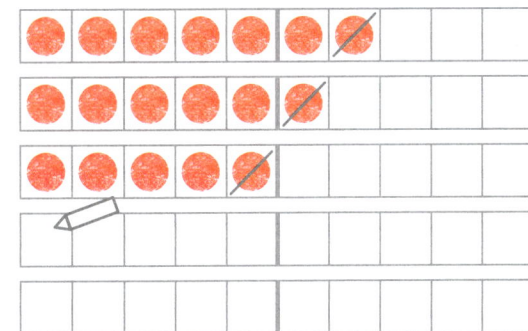

Was fällt dir auf?

8 – 2 = ___

8 – 3 = ___

8 – 4 = ___

8 – 5 = ___

___ – ___ = ___

---

2 Froschaufgaben mit Pfiff

4 – 3 = __

5 – 3 = __

6 – 3 = __

7 – __ = __

___ – __ = __

5 – 5 = __

6 – 5 = __

7 – 5 = __

8 – __ = __

___ – __ = __

9 – 4 = __

8 – 4 = __

7 – 4 = __

6 – __ = __

___ – __ = __

3 – 2 = __

4 – 2 = __

5 – 2 = __

6 – __ = __

___ – __ = __

10 – 6 = __

10 – 5 = __

10 – 4 = __

___ – __ = __

___ – __ = __

8 – 7 = __

8 – 6 = __

8 – 5 = __

___ – __ = __

___ – __ = __

___ – __ = __

___ – __ = __

___ – __ = __

___ – __ = __

___ – __ = __

___ – __ = __

___ – __ = __

___ – __ = __

___ – __ = __

___ – __ = __

Päckchenaufgaben lösen, Veränderungen im Päckchen erkennen, beschreiben und Muster fortsetzen.
Wie kannst du das Muster fortsetzen?

Die 1. Zahl wird um eins kleiner.
Die 2. Zahl bleibt gleich.
Das Ergebnis wird auch um eins ...

Minusaufgaben üben

1

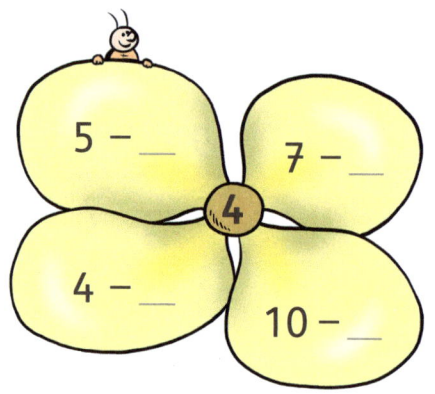

5 – __   7 – __   **4**   4 – __   10 – __

9 – __   6 – __   **5**   5 – __   10 – __

2

–	4	3	2
6	2		

–	3	0	2
4			

3 Froschaufgaben mit Pfiff

5 – 1 = _4_
5 – 2 = ___
5 – 3 = ___
5 – ___ = ___
___ – ___ = ___

7 – 2 = ___
7 – 3 = ___
7 – 4 = ___
7 – ___ = ___
___ – ___ = ___

3 – 3 = ___
4 – 3 = ___
5 – 3 = ___
6 – ___ = ___
___ – ___ = ___

4

5 – 2 = 3   5 – 1 = 4

Minusaufgaben verändern:

Eine Minusaufgabe mit Plättchen im Zehnerfeld legen. Aufgabe nennen.

Der Partner bewegt ein Plättchen und nennt die neue Aufgabe.

Gespielt mit: _____

Minusaufgaben üben

1 Froschaufgaben mit Pfiff

8 − 8 = ___	10 − 1 = ___	9 − 8 = ___
8 − 6 = ___	10 − 3 = ___	8 − 7 = ___
8 − 4 = ___	10 − 5 = ___	7 − 6 = ___
8 − 2 = ___	10 − 7 = ___	6 − 5 = ___
___ − ___ = ___	___ − ___ = ___	___ − ___ = ___

9 − 1 = ___	10 − 8 = ___	9 − 4 = ___
8 − 2 = ___	9 − 7 = ___	7 − 3 = ___
7 − 3 = ___	8 − 6 = ___	5 − 2 = ___
6 − ___ = ___	___ − 5 = ___	3 − ___ = ___
___ − ___ = ___	___ − ___ = ___	___ − ___ = ___

2

−	2	
8		
9		6

−		4
7	5	
9		

−	3	4
		0
8		

−	8	7
9		
	2	

 1   1   2   2   3   3   3   4   4   5   5   5   6   7   7   8   10

3

−	6	
	1	0
9		

−		
4	2	
3		3

Rechenpäckchen lösen, Muster erkennen und fortsetzen.
Fehlende Zahlen in den Tabellen ergänzen.

Plus- und Minusaufgaben üben

Rechengeschichten

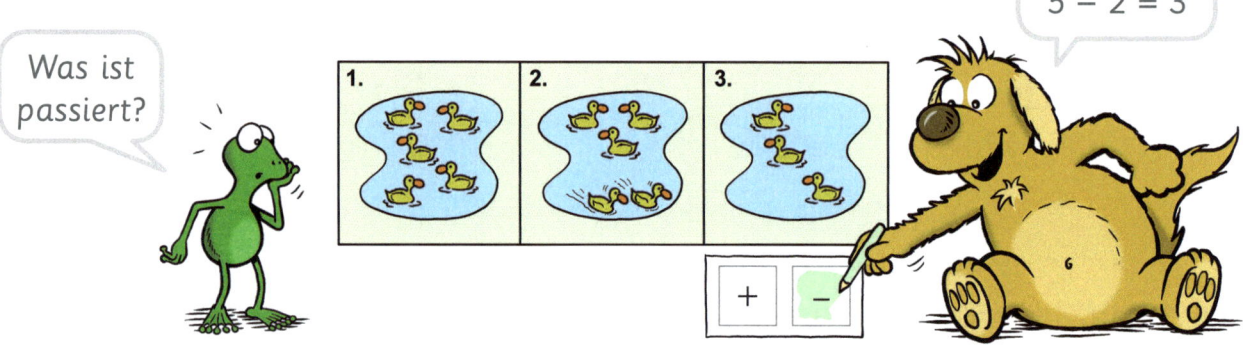

Was ist passiert?

$5 - 2 = 3$

1

 1

 2

 3

$\underline{5 - 2}$ = ___

_5_ Enten   _2_ gehen weg.   Jetzt sind es __ Enten.

 1

 2

 3

$\underline{6}$ = ___

_6_ Schnecken   __ gehen weg.   Jetzt sind es __ Schnecken.

 1

 2

 3

$\underline{4}$ = ___

_4_ Kühe   __ geht weg.   Jetzt sind es __ Kühe.

 1

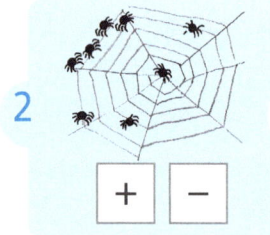 2

 3

 = ___

__ Spinnen   __ kommen dazu.   Jetzt sind es __ Spinnen.

Veränderung im Bild erkennen, dazu erzählen, mit Plättchen nachlegen,
Sätze ergänzen und passende Additions- oder Subtraktionsaufgabe finden.

 Ich erzähle eine Rechengeschichte.
... gehen weg.
... kommen dazu.

Plus- und Minusaufgaben üben

Rechengeschichten

1

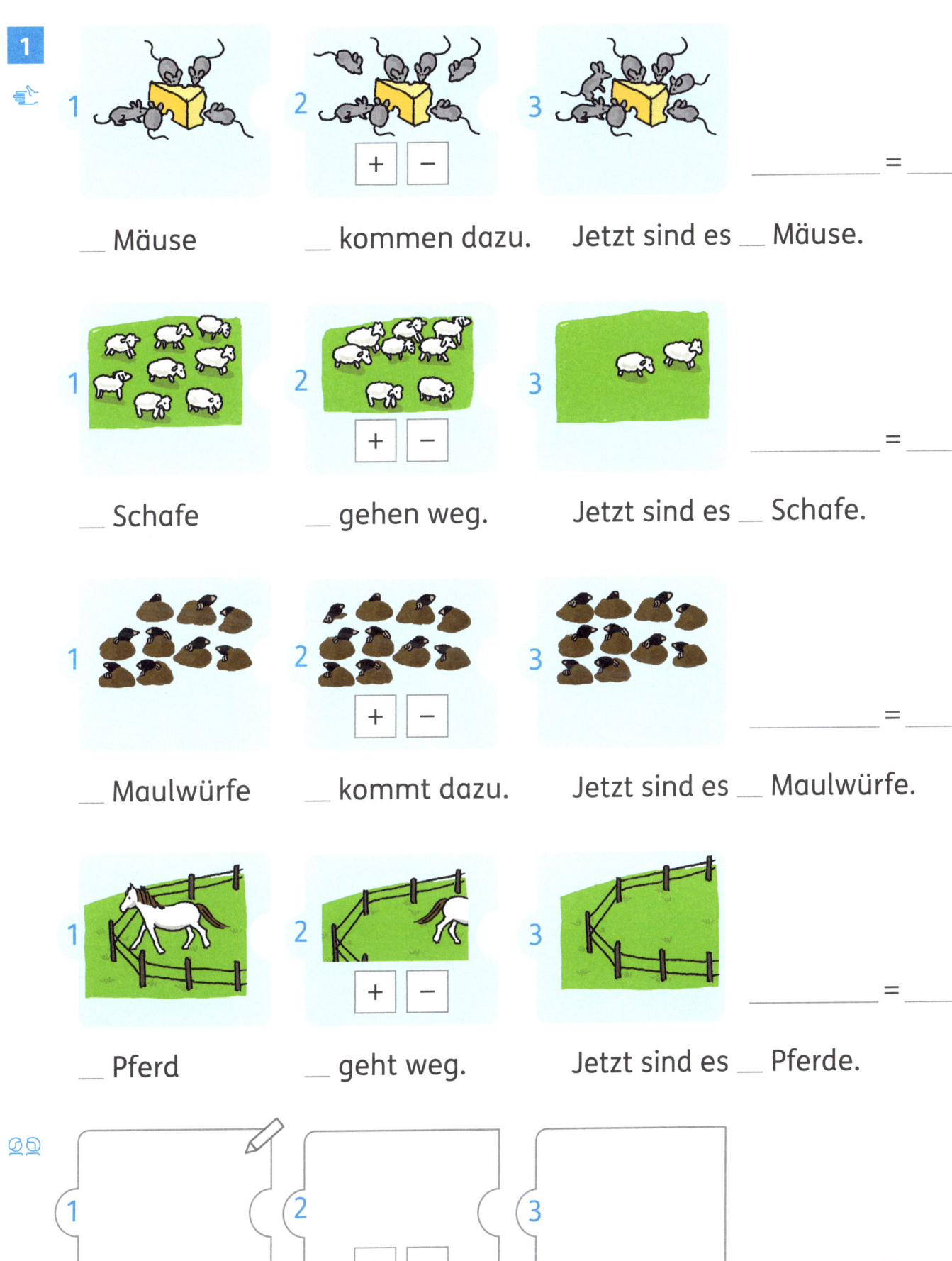

1 __ Mäuse   2 __ kommen dazu.   3 Jetzt sind es __ Mäuse.

_____ = ____

1 __ Schafe   2 __ gehen weg.   3 Jetzt sind es __ Schafe.

_____ = ____

1 __ Maulwürfe   2 __ kommt dazu.   3 Jetzt sind es __ Maulwürfe.

_____ = ____

1 __ Pferd   2 __ geht weg.   3 Jetzt sind es __ Pferde.

_____ = ____

1   2 + −   3

_____ = ____

Veränderungen im Bild erkennen, dazu erzählen, mit Plättchen nachlegen,
Sätze ergänzen und eine passende Additions- oder Subtraktionsaufgabe
finden.

Plus- und Minusaufgaben üben

Rechengeschichten

1

1 + __ = __

5 − __ = __

3 − __ = __

_____ = __

_____ = __

_____ = __

---

2 Finde noch weitere Aufgaben im Bild und erzähle.

_____ = __   _____ = __   _____ = __

Zu einem Bild passende Aufgaben finden, dazu erzählen und mit Plättchen nachlegen.
Wie heißt deine Rechengeschichte?

Ich sehe ... Hunde.
... Hunde laufen weg.
Jetzt sind es ...

Plus- und Minusaufgaben üben

Umkehraufgaben

Ich sehe
6 – 2.

Ich sehe
4 + 2.

!
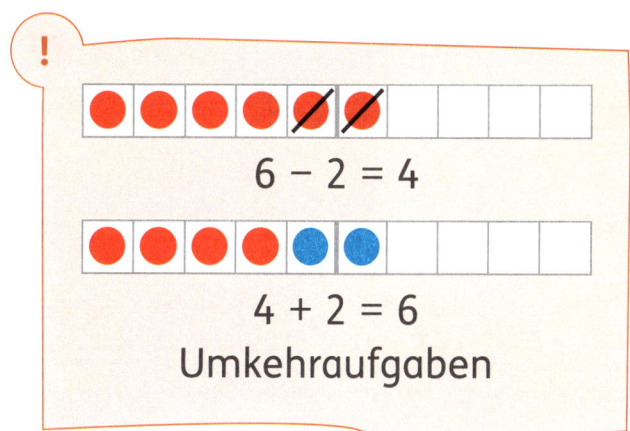

6 – 2 = 4

4 + 2 = 6
Umkehraufgaben

1

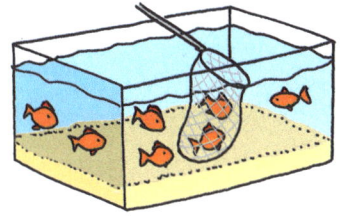

7 – 2 = ___

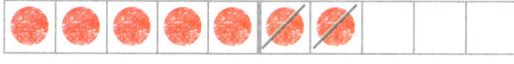

__ + __ = ___

__ – __ = ___

__ + __ = ___

__ – __ = ___

__ + __ = ___

__ – __ = ___

__ + __ = ___

Plus- und Minusaufgaben üben

Umkehraufgaben

1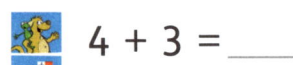

$7 - 3 = \underline{4}$

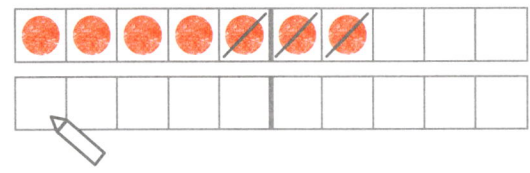

$4 + 3 = \underline{}$

$4 - 3 = \underline{}$

$\underline{} + \underline{} = \underline{}$

$9 - 2 = \underline{}$

$\underline{} + \underline{} = \underline{}$

2

2 gehören immer zusammen.

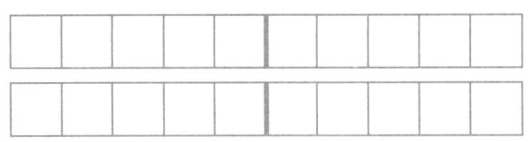 $6 - 1 = \underline{5}$

$10 - 3 = \underline{}$

$9 - 1 = \underline{}$

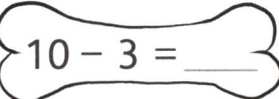 $5 + 4 = \underline{}$

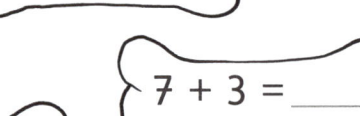 $7 + 3 = \underline{}$

$4 + 4 = \underline{}$

$8 + 1 = \underline{}$

$9 - 4 = \underline{}$

$5 + 1 = \underline{}$

$8 - 4 = \underline{}$

3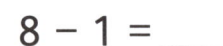

$8 - 1 = \underline{}$ $5 - 0 = \underline{}$ $6 - 3 = \underline{}$ $9 - 7 = \underline{}$

$\underline{7} + \underline{1} = \underline{}$ $\underline{} + \underline{} = \underline{}$ $\underline{} + \underline{} = \underline{}$ $\underline{} + \underline{} = \underline{}$

$\underline{} - \underline{} = \underline{}$ $\underline{} - \underline{} = \underline{}$ $\underline{} - \underline{} = \underline{}$ $\underline{} - \underline{} = \underline{}$

$2 + 4 = \underline{}$ $6 + 1 = \underline{}$ $9 + 0 = \underline{}$ $3 + 2 = \underline{}$

Aufgabe und Umkehraufgabe bilden und lösen.

Plus- und Minusaufgaben üben

die Zahlenmauer
der Zielstein

$4 + 3 =$ ___   7

 **1**

	7	
2		5

 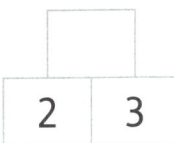  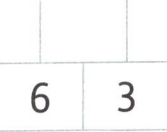 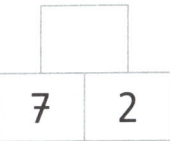

| 2 | 3 | | 5 | 1 | | 6 | 3 | | 7 | 2 |

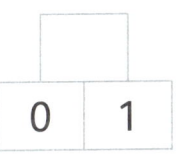 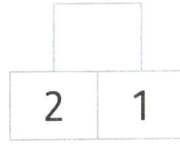  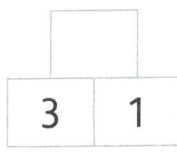 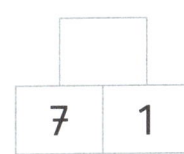

| 0 | 1 | | 2 | 1 | | 1 | 1 | | 3 | 1 | | 7 | 1 |

 0 1 2 3 4 5 5 6 7 8 9 9

 **2**

| 7 | 3 | | 1 | 9 | | 8 | 2 | | 4 | 6 | | 5 | 5 |

  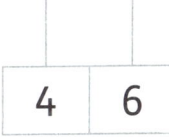 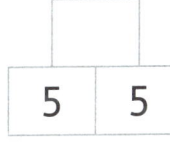

| 0 | 10 | | 9 | 1 | | 3 | 7 | | 2 | 8 | | 10 | 0 |

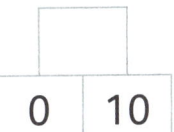 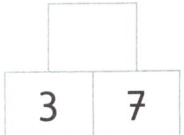 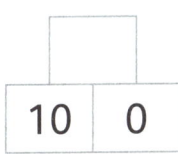

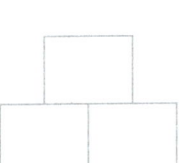

Welche Mauer
fehlt?

Zahlenmauern kennenlernen. Den Zielstein durch Addition bestimmen.   Die Zahl auf dem Zielstein heißt …

85

Plus- und Minusaufgaben üben

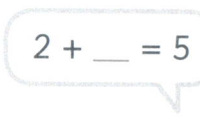

2 + __ = 5

5 − 2 = __

1

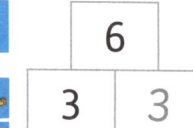

6	
3	3

	5
3	

	8
6	

	9
2	

	7
4	

4	
	1

	6
	4

	8
	5

	9
	8

	5
	5

10	
1	

10	
	3

	10
6	

	10
	8

	10
2	

0   0   1   2   2   2   2   3̸   3   3   3   4   6   7   7   8   9

2

10 / 8 2

8 / / 2 / 10

	5
	3
8	

	5
	3
2	

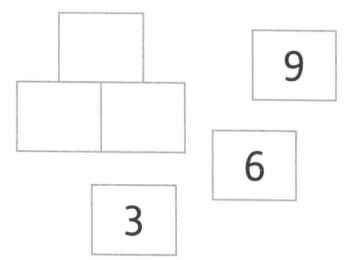

9 / 6 / 3

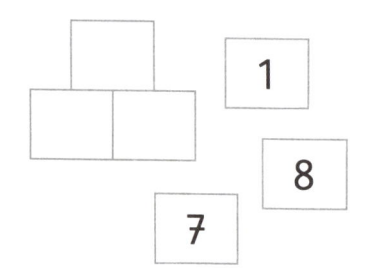

1 / 8 / 7

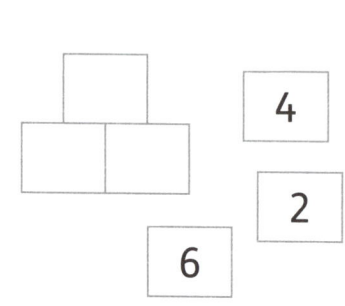

4 / 2 / 6

8

Zahlenmauern durch Addieren (Ergänzen) oder durch Subtrahieren (Wegnehmen) lösen.

Im Zielstein steht immer die größte Zahl.

86

Plus- und Minusaufgaben üben

1

8 – 4 = 4
9 – 7 = __
5 – 1 = __
10 – 8 = __
7 – 5 = __
6 – 2 = __
9 – 5 = __
8 – 6 = __

4   2

2

6				
3 3	7 2	6 4	5 1	9 0

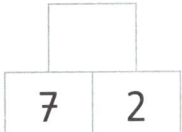 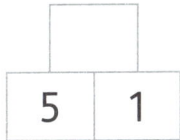 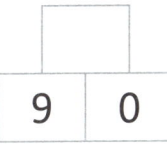

4 2	3 6	5 5	6 1	8 2

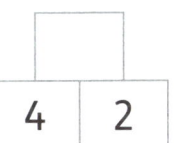 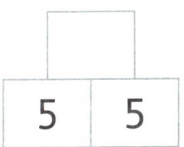 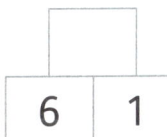 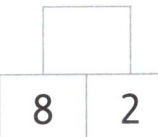

3

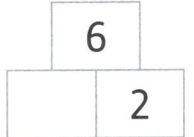

6	7	9	10	10
2	2	2	2	10

4

5 – 2 = 3   3 + 2 = 5

Umkehraufgaben bilden:

Mit 2 Würfeln würfeln und die Minusaufgabe nennen. Der Partner nennt die Umkehraufgabe.

Gespielt mit: _____

Plus- und Minusaufgaben üben

1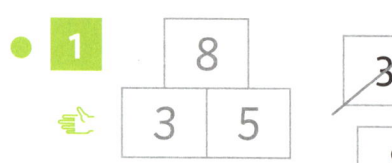

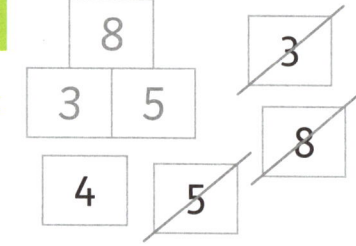 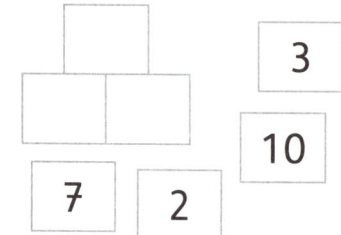 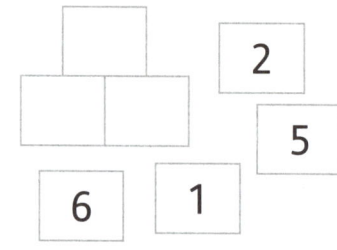

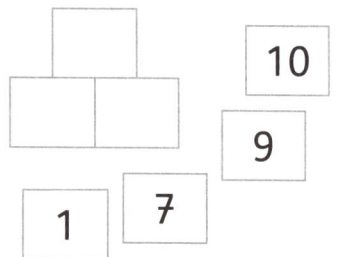 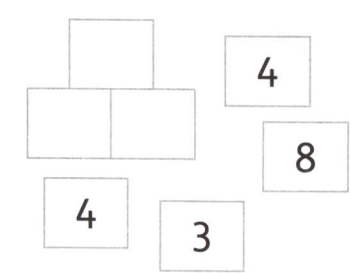 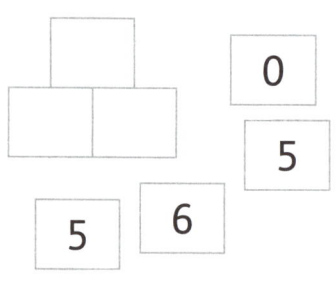

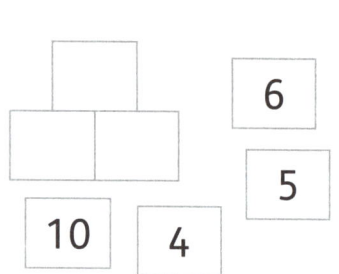 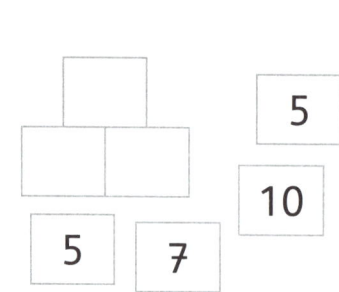 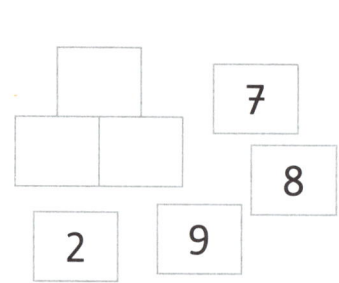

2 Welche 2 Zahlen passen nicht dazu? Streiche sie durch.

Notiere die Rechnungen im Heft.

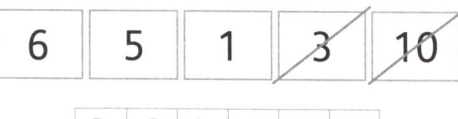

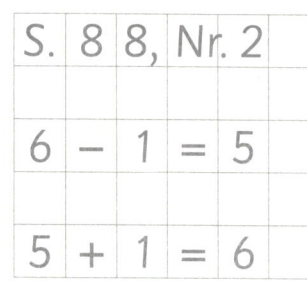

Bilde aus 3 Zahlen eine Aufgabe und die Umkehraufgabe.

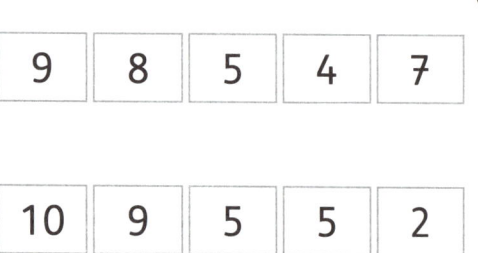

Zahlenmauern durch Probieren lösen. Eine Zahlenkarte bleibt jeweils übrig.
Mit 3 Zahlen Aufgabe und Umkehraufgabe bilden.